Une ambition sans limite

Une ambition sans limite

CULTIVER UN ÉTAT D'ESPRIT PROPICE AU SUCCÈS

Mawa McQueen

MCQUEEN INTERNATIONAL

Corédacteurs : Elaine Chon-Baker, Michelle Chon, Josh Conviser, et Rose Anna Laudicina

Traduction/Adaptation : Nacima Bouzad

Conception graphique : Prototype.paris

Crédit photo couverture : Kelsey Brunner

Couverture : Sauce Piquante Agency

À tous ceux qui veulent
rêver grand et voir
leurs aspirations se réaliser.

Sommaire

Osez rêver en grand,
soyez maître de votre parcours,
relevez les défis, écrivez
l'histoire de votre propre
réussite, et laissez votre impact
résonner au service de tous,
tout au long du chemin.

Mawa McQueen

La cheffe Mawa McQueen et le chef Daniel Boulud
se détendent après le service, dans la cuisine
du restaurant Centurion, à New York.

Préface de Daniel Boulud

Je connais Mawa depuis de nombreuses années. Nous nous sommes rencontrés pour la première fois lorsqu'elle travaillait comme serveuse au Little Nell, à Aspen, à l'occasion de mon événement La Paulée de Neige. Notre amitié s'est poursuivie à mesure que Mawa fondait son propre empire gastronomique, avec l'ouverture du restaurant Mawa's Kitchen, recommandé par le Guide MICHELIN, du restaurant Mawita, ainsi que de deux (pour le moment) établissements The Crepe Shack.

Je suis très bien placé pour savoir que gérer un ou plusieurs restaurants n'est pas chose facile. J'ai vu Mawa surmonter les difficultés liées au fait d'être une femme de couleur dans une petite ville montagneuse du Colorado. Je l'ai vue ouvrir non pas un, mais plusieurs restaurants, créer un service de traiteur et une entreprise spécialisée dans le granola. Toutes ces sociétés prospèrent aujourd'hui et bénéficient d'une renommée à l'échelle nationale et internationale. Et croyez-moi, tout ceci est une grande source d'inspiration pour moi.

Ce ne sont pas seulement son sens des affaires, ses talents culinaires et créatifs et son histoire inspirante qui attirent les gens, mais également sa joie de vivre, véritablement contagieuse. Cette passion qu'elle insuffle dans son quotidien est convaincante, son rire illumine la pièce (ou la cuisine) où elle se trouve, et c'est un plaisir de la côtoyer à tout moment.

Je suis ravi que notre amitié ait traversé toutes ces années et je suis très heureux de collaborer avec elle, en cuisine et en dehors, et de l'accompagner dans sa quête de réussite et d'accomplissement.

Mawa est la définition même de l'ambition sans limite, et le titre de son nouvel ouvrage lui va donc comme un gant. Pour réussir, il faut de la discipline et du travail, et tout commence par un état d'esprit gagnant. Ce livre vous propose des clés pour le développer et l'exploiter. Les mots puissants de Mawa et son histoire fascinante sont de véritables déclencheurs, qui vous motiveront sans aucun doute à entamer ce parcours de travail acharné, nécessaire pour aller au bout de tous vos rêves et objectifs, et bien plus encore.

Parmi les raisons qui ont poussé Mawa à écrire *Une ambition sans limite*, il y en a une qui me touche particulièrement : la volonté de Mawa de contribuer à sa communauté d'une nouvelle façon, d'une façon qui encourage et valorise les actions positives et la transformation dans la vie des jeunes. À travers ce livre, elle inspire les communautés les plus jeunes et leur offre les moyens d'agir plus, de vouloir plus, et de prendre conscience qu'ils méritent plus. Nous savons tous que la prochaine génération représente notre héritage, et Mawa veille à ce que cette génération dispose de tous les outils dont elle a besoin pour s'épanouir et prospérer.

Le livre aborde une série de problèmes et sujets sensibles auxquels sont confrontés les jeunes Français. Il est rédigé avec des mots qui offrent un angle unique et compréhensible, et des solutions à la clé, et je trouve cela formidable. Je suis moi-même l'auteur d'un livre destiné à la jeune génération, *Letters to a Young Chef* (Lettres à un jeune chef), qui forme un beau duo avec *Une ambition sans limite*. Tous deux offrent des bases solides pour atteindre ses objectifs de vie et faire son entrée dans le monde professionnel.

Je vous souhaite une très bonne lecture, et n'oubliez pas que rien ne remplace le travail.

Avant-propos

J'aurais aimé avoir ce livre entre les mains, plus jeune, avant de démarrer mon parcours. Il m'aurait évité de perdre tout ce temps à comprendre à la dure les choses de la vie.

La clé qui sépare l'ordinaire de l'extraordinaire, c'est la combinaison d'un état d'esprit, de décisions et d'actions. C'est l'audace de rêver en grand, l'engagement à travailler dur, la résilience pour affronter les défis, et la conviction inébranlable qu'avec la mentalité appropriée, n'importe qui peut changer son existence et devenir une personne extraordinaire.

Je suis la preuve vivante que le pouvoir de rêver grand, la confiance en soi, le travail acharné et l'apprentissage permanent peuvent surmonter les obstacles de la vie et vous placer sur la voie de la réussite.

Je souhaite de tout cœur que cet ouvrage vous encourage à prendre des risques et à vous affirmer. Canalisez votre force intérieure, rêvez en grand et relevez les défis de la vie avec résilience, passion, et avec cette volonté indéfectible de grandir sans cesse.

À votre réussite !

Mawa McQueen

N'attendez pas

N'attendez pas que l'on vienne vous sauver

N'attendez pas, car personne ne viendra. N'attendez pas que l'on vous vienne en aide, car personne ne viendra vous aider.

N'attendez pas que l'on vous offre une chance, car personne ne vous l'offrira.

N'attendez pas que l'on vous donne de l'argent pour démarrer, car personne ne vous en donnera.

N'attendez pas que l'on vienne vous guérir, car personne ne vous guérira.

N'attendez pas que l'on vienne changer votre précarité financière ou matérielle.

Arrêtez d'attendre après le gouvernement et les autres institutions, politiques, religieuses, etc.

Arrêtez d'attendre après les autres. Point barre.

Ça y est, vous avez pris conscience de la dure réalité de la vie ?

Et je parie que vous ne savez pas quoi en faire de cette vérité que je viens de vous balancer, n'est-ce pas ?

Maintenant, tout est entre vos mains.

Sachez que personne ne vous doit rien dans la vie, pas même vos parents. Eh oui, personne ne vous doit quoi que ce soit, ni vos parents, ni vos proches, ni la société, ni le gouvernement, ni Dieu, ni l'Univers... Si vous comprenez cela, vous pouvez maintenant commencer à transformer votre vie. Vos ressources et votre courage vont se décupler, et vous serez capable de vous relever de l'échec et du rejet quand ils vous mettront à terre.

Je suis ici pour transmettre les leçons que j'ai apprises, et qui peuvent transformer votre vie. Le chemin que je vous propose demande beaucoup de travail acharné, d'introspection et d'ouverture d'esprit. Si vous cherchez à vous enrichir rapidement ou à devenir célèbre, arrêtez-vous tout de suite, et offrez plutôt ce livre à un ami ou à un proche qui en aura besoin et qui en fera bon usage. Dans ces pages, vous ne trouverez pas de jargon de start-up ou de mots à la mode, il n'est pas question d'un ouvrage pratique sur la création d'entreprise (d'ailleurs, à ce sujet, surveillez bien l'arrivée d'*Une Ambition sans limite, Tome II*). Il s'agit d'un livre sur l'état d'esprit qui est le moteur de ma réussite et bientôt, je l'espère, de la vôtre.

C'est votre vie – et vous en êtes le capitaine. Je peux vous donner quelques directions, mais c'est vous qui dirigez le navire. Si vous suivez ma voie, soyez prêt pour les nuits blanches, les doutes et les défis permanents. Mais je vous le promets, le succès au bout de ce parcours du combattant en vaut la peine.

Une dernière chose : si vous voulez faire partie des 1 % qui réussissent tout ce qu'ils entreprennent, vous ne pouvez pas vous comporter comme les 99 % de la population.

Les gens qui réussissent jusqu'au
plus haut niveau ne sont pas chanceux.
Ils agissent de manière différente des autres.

Toute réussite repose sur des clés,
qu'il faut savoir utiliser.
TONY ROBBINS[1]

1. Traductions libres.

Mon chemin pour en arriver là

Dans ces pages, je vais vous exposer ce qui me pousse à réussir. Mais avant toute chose, un petit aperçu de mon environnement social et familial vous aidera à mieux comprendre d'où je viens et quel a été mon parcours de vie.

Je suis née dans un petit village du district d'Abidjan, en Côte d'Ivoire. Je suis l'aînée d'une fratrie de 20 enfants, et à cette place j'ai toujours eu le devoir de m'occuper de ma famille, même lorsque ma mère m'a emmenée avec elle en France, à Trappes plus précisément, à l'âge de 12 ans. Nous vivions dans un appartement exigu de la banlieue, et comme mes parents travaillaient tous les deux et rentraient tard, je devais faire le ménage, gérer mes frères et sœurs, et préparer les repas matin, midi et soir. Cette responsabilité a marqué le début de mon parcours dans la cuisine, et depuis, je me suis consacrée à cet art, que je ne cesse de parfaire. Bien déterminée à affiner mes compétences, je suis ensuite allée au lycée hôtelier, puis j'ai tenté l'aventure au Royaume-Uni, où j'ai travaillé comme jeune fille au pair pour apprendre à bien maîtriser l'anglais.

Mais il faut dire que c'est l'Amérique que j'ai toujours visée. Bon, à l'époque, je ne savais pas encore comment j'allais m'y rendre. Alors, en attendant, j'ai continué à travailler, à économiser de l'argent et à rêver. Pendant mon séjour en Angleterre, mon petit ami de l'époque est tombé sur une annonce dans le journal, pour s'inscrire au programme de loterie de la carte verte des États-Unis, auprès du centre de visas. Et il m'a demandé de déposer une demande. Au départ, je ne l'ai pas cru. Je n'avais jamais entendu parler de cette loterie, et pour moi c'était une arnaque. C'était trop facile et trop beau pour être vrai.

Pourquoi mettre une annonce pour quelque chose d'aussi difficile à obtenir, quelque chose dont nous rêvons, mais que peu gagnent à la fin ? J'ai annoncé à mon petit ami qu'il était hors de question que je dépense 30 livres sterling (l'équivalent de 35 euros environ) de mon argent durement gagné pour participer à une escroquerie. Rien à faire, j'étais entêtée. De son côté, il savait que je désespérais d'aller aux États-Unis, alors il a décidé de nous inscrire tous les deux, et si l'un d'entre nous gagnait, on se marierait et on partirait ensemble là-bas.

Je suis passée à autre chose, j'ai vite oublié l'annonce et l'inscription, et ce petit ami a disparu de ma vie (il m'a larguée avant les résultats de la loterie). Et puis, un jour de novembre 2000, j'ai reçu une lettre disant : « Veuillez trouver ci-dessous votre preuve de dépôt attestant de votre participation à la loterie américaine DV2002[2] ». J'avais été tellement sceptique au départ que même si on m'avait lancé la carte verte au visage, je n'aurais rien pris au sérieux. Et finalement, maintenant j'y croyais, tout cela était bien réel !

En 2001, j'ai gagné cette fameuse loterie de la carte verte, et j'ai réalisé mon rêve. Je déménageais enfin en Amérique !

> Avec le recul, je réalise que parfois l'Univers nous envoie certaines personnes pour une raison bien précise.

En tout cas, c'est à ce moment-là que ma vie professionnelle a vraiment démarré.

À mon arrivée aux États-Unis en 2002, je me suis plongée dans le monde de la restauration cinq étoiles, en passant mes étés à Kennebunkport, dans le Maine, et mes hivers à Aspen, dans le Colorado – et surtout en m'investissant à fond pour apprendre et progresser.

J'ai monté ma première entreprise en avril 2006 : un service de chef privé et de traiteur événementiel à Aspen. Mon engagement en faveur d'une cuisine fraîche, durable et d'origine locale a rapidement suscité de l'intérêt et m'a permis de m'étendre sur le marché de la restauration au service des jets privés – et ils sont très nombreux à Aspen.

2. DV pour *Diversity Visa*.

En novembre 2015, j'ai ouvert les portes de Mawa's Kitchen, mon premier restaurant ! Sur l'un des marchés les plus concurrentiels du pays, Mawa's est devenu un pilier de la scène gastronomique d'Aspen. J'ai été nommée aux James Beard Awards (l'équivalent des Oscars pour la gastronomie) et j'ai remporté deux fois le Colorado Governor's Minority Business Award. En 2023, Mawa's Kitchen a eu l'honneur d'être recommandé par le Guide MICHELIN pour l'édition inaugurale du Colorado – un véritable tournant dans la vie de cette jeune fille que j'étais, qui nourrissait autrefois sa famille à Trappes, dans la modeste banlieue parisienne.

À partir de ce succès, j'ai écrit un livre de cuisine (*Mawa's Way*), ouvert un autre restaurant (Mawita), créé une enseigne populaire de restauration rapide et décontractée (The Crepe Shack) et mis au point Mawa's GrainFreeNola, une marque de granola paléo, vegan et sans gluten commercialisée dans le monde entier.

Mon statut de chef célèbre m'a fait voyager dans le monde entier, je partage ainsi ma vie et les plats qu'elle inspire lors d'événements culinaires organisés par le magazine *Food & Wine*, le Bocuse d'Or/Ment'or, la chaîne Food Network, Citymeals on Wheels (une organisation à but non lucratif basée à New York), et bien d'autres encore.

J'ai fait l'objet d'articles dans le magazine *Forbes* et le journal *Le Parisien*. Des apparitions à la télévision, notamment dans le *Today Show*, *Envoyé spécial* sur France 2, *66 Minutes* sur M6 et *50 minutes Inside* sur TF1, ont été l'occasion pour moi de partager mon histoire, ainsi que le bien-être et la joie que j'éprouve de cuisiner avec des personnes de tous horizons.

Lorsque je ne jongle pas avec tout cela, je me concentre sur les communautés chères à mon cœur. Ancienne élève du James Beard Foundation Women's Entrepreneurial Leadership Program, je fais également partie du comité consultatif exécutif de l'Isaacson School et du conseil d'administration de la Colorado Restaurant Foundation. J'endosse un rôle de coach en tant que membre du conseil culinaire du Bocus d'Or/Ment'or et je fais partie du Sylvia Center Culinary Council. Je défends également les intérêts de mon pays natal en tant qu'ambassadrice pour Action in Africa et en siégeant au conseil d'administration de Brake The Cycle.

Mon parcours, de la Côte d'Ivoire jusqu'au sommet du monde culinaire, témoigne du pouvoir de la persévérance, de l'ambition et de la quête incessante de l'excellence, car rien dans ma vie n'était prédestiné à cela, bien au contraire. Et je suis remplie d'espoir à l'idée de partager cette histoire avec vous. Je veux vous donner l'envie de rêver grand, de travailler dur et de saisir chaque défi comme une chance de grandir et de progresser et – surtout, et avant tout – de changer votre vie pour le meilleur.

> Et surtout, retenez bien ceci : personne ne vous donnera ce que vous devez acquérir, mériter et gagner par vous-même.

Pourquoi Aspen ?

Je sais que vous vous posez tous cette question en découvrant mon histoire dans ce livre.

Et à mon tour, j'ai une question pour vous : et pourquoi pas Aspen ?

Dois-je faire comme tout le monde ? Absolument pas, car je suis faite d'une autre étoffe, moi !

Laissez-moi vous en dire un peu plus sur le contexte de mon installation dans cette jolie ville nichée au cœur des Rocheuses.

Il y a pas mal d'années, en France, après avoir obtenu mon diplôme du lycée hôtelier, et n'ayant pas trouvé de travail dans mon domaine, j'ai fait à peu près comme toutes les jeunes filles dans ma situation : je me suis trouvé un job de baby-sitter dans une famille blanche et aisée de Saint-Germain-en-Laye.

J'avais fait le choix délibéré d'aller vivre à Saint-Germain-en-Laye et d'y trouver un emploi. Je me souviens qu'à l'époque, j'adorais cette ville bourgeoise, je la trouvais magnifique. J'avais décidé de ne pas rester parmi les miens, car j'estimais n'avoir plus rien à apprendre d'eux !

Mon travail consistait à faire la cuisine, le ménage, et à m'occuper des enfants, et j'étais même très douée pour cela, grâce à toutes ces années de pratique au sein de ma propre famille, à élever mes frères et sœurs.

La famille pour laquelle je travaillais avait deux filles exceptionnelles. Les parents étaient adorables avec moi et me traitaient extrêmement bien. La mère me fascinait. Elle était intelligente, cultivée, bilingue, belle, avait beaucoup voyagé (elle travaillait pour une société pharmaceutique, ce qui l'amenait à effectuer de nombreux déplacements professionnels), et c'était une femme forte comme je les apprécie. C'était la patronne, et je dois dire que je l'admirais. Je me souviens qu'elle était très ouverte et disposée à parler de tout et de rien. Elle était l'une des rares femmes françaises à m'inspirer. Sa gentillesse à mon égard était incroyable, elle m'a toujours considérée d'égal à égal, et jamais comme une employée de maison. À aucun moment elle n'a sapé mon autorité lorsqu'il s'agissait de ses enfants, au contraire, elle m'a acceptée et traitée comme une membre de la famille à part entière.

J'étais donc en charge de l'éducation de ces enfants dans cette famille de Saint-Germain-en-Laye, mais l'on peut dire que je recevais moi aussi une certaine éducation. J'ai appris à me montrer affectueuse, à dire « je t'aime », à serrer quelqu'un dans mes bras, à faire des compliments librement. Je me souviens très bien de la première fois où l'on m'a prise dans les bras, j'étais tellement mal à l'aise, c'était nouveau pour moi, j'en ai même pleuré. En travaillant pour cette famille, j'ai réalisé à quel point mon attitude et mes gestes avaient été froids et mécaniques avec mes frères et sœurs quand je m'occupais d'eux, à quel point j'étais toujours dans la discipline, tel un gendarme. Je leur refusais l'amour et l'affection que cette famille, elle, se témoignait quotidiennement. Ce n'est pas que je n'aimais pas mes frères et sœurs, c'est juste que je les élevais comme j'avais été élevée, comme on m'avait traitée et comme ma culture m'indiquait de les élever. J'ai donné plus d'amour et de chaleur aux filles de la famille qui m'employait que je n'en ai jamais donné à ma propre famille et que je n'en ai jamais reçu moi-même.

Lors de la sieste des filles, pendant que je faisais la lessive et le repassage, j'avais l'habitude de regarder ma série préférée, *Les Feux de l'amour*. Dans l'un des épisodes, il y avait une scène romantique – Victor Newman emmenait sa nouvelle petite amie à Aspen en jet privé pour Noël – et c'était tellement beau et touchant, comme dans les classiques de Noël à la télévision, que j'ai su qu'il fallait que j'aille là-bas. À ce moment précis, j'ai créé un lien émotionnel intense avec Aspen et j'en ai fait mon destin.

Des années plus tard, en avril 2002, quand j'ai eu l'opportunité de me rendre aux États-Unis pour un job d'été à Kennebunkport, dans le Maine, mes patrons m'ont demandé où je voulais passer mes hivers : leur restaurant fermait ses portes pendant la saison hivernale, qui était très rude dans le Maine. Comme j'avais une carte verte qui me permettait de travailler n'importe où en Amérique, je leur ai répondu « Aspen », en ne croyant pas vraiment qu'ils concrétiseraient ce souhait. Une semaine plus tard, mon patron m'appelait pour me dire que j'allais passer l'hiver à Aspen pour travailler au Little Nell, un établissement cinq étoiles du groupe hôtelier Relais & Châteaux, qui gérait également l'endroit où je travaillais dans le Maine.

Je n'en revenais pas ! Le poste était même proposé avec un logement !

J'ai rapidement fait mes valises, sauté dans ma voiture et j'ai pris la route pour Aspen avec mon amie Natalie, en novembre 2002.

Incroyable, n'est-ce pas ? Le pouvoir des pensées, des rêves et de la manifestation de notre destin est incroyable.

Les années suivantes, j'ai passé mes étés dans le Maine et mes hivers à Aspen. J'aimais beaucoup le Maine, mais dès mon premier jour à Aspen, je m'y suis sentie chez moi, même s'il m'arrivait de ressentir un peu de solitude. Les montagnes m'appelaient déjà à l'époque, et elles continuent à me parler aujourd'hui. Je me suis définitivement installée à Aspen en 2005 et je suis fière de dire que c'est chez moi, et que je suis une Aspénite.

Maintenant que vous connaissez cette petite histoire, vous pouvez définitivement affirmer que j'aime faire partie des 1 %, comme je l'ai toujours fait depuis que j'ai quitté Trappes. J'ai choisi délibérément des quartiers riches, des quartiers d'élites, parce que pour moi, vivre parmi les populations aisées me donne la possibilité de reproduire ce qu'elles font, d'apprendre d'elles et de faire partie de leur groupe privilégié.

Dis-moi qui tu fréquentes, et je te dirai qui tu es.
MIGUEL DE CERVANTÈS

La passion s'acquiert

Laissez-moi vous dire ceci : si quiconque vous recommande de suivre votre passion, ne l'écoutez pas, ce ne sont que des balivernes.
Si vous êtes né passionné et que le feu vous habite – quelle chance –, alors dispensez-vous des conseils suivants. Là, je m'adresse aux autres. Si vous attendez que la passion vous saisisse, la vie vous passera sous le nez. N'attendez pas, ne comptez pas sur elle pour vous lancer dans l'aventure, c'est inutile. Pourquoi, me direz-vous ? Et je vous répondrai : la passion s'acquiert à force de travail, elle n'est pas innée. Vous ne maîtrisez pas assez votre métier au départ pour savoir ce qui déclenchera cette passion sur le long terme. Et je parle en connaissance de cause car, pour ma part, j'ai appris à être passionnée.

Au début de mon parcours, j'ignorais complètement ce qui ferait naître ma passion. J'aimais cuisiner et je possédais un certain talent, alors j'ai poursuivi dans cette voie. Suis-je immédiatement tombée amoureuse de ce métier ? Non. J'ai d'abord expérimenté la dure réalité de la vie de chef cuisinier, c'est-à-dire préparer les mêmes plats, encore et toujours, pendant des heures et des heures de service et de travail éreintant. Je ne compte même plus les nombreuses coupures et brûlures causées en cuisine, et dont mon corps peut encore témoigner. Chaque cicatrice raconte une histoire de persévérance et de cran, et toutes ces histoires sont des rappels saisissants des épreuves du feu que j'ai dû traverser pour parvenir à la maîtrise de chaque plat. Ces coupures et ces brûlures sont devenues mon insigne d'honneur et de discipline. Il m'a fallu des années d'apprentissage et de difficultés pour maîtriser suffisamment bien mes compétences et ainsi libérer l'art et la créativité que j'aime tant aujourd'hui dans ce que je fais. J'y ai consacré du temps et beaucoup de pratique, et j'ai enfin abouti à la maîtrise de mon métier. Et grâce à cette maîtrise, ma créativité s'est déployée.

La passion survient souvent une fois la maîtrise de votre métier acquise, grâce à la discipline, au travail acharné et à un investissement sans faille. Et pour atteindre ce résultat, vous allez devoir supporter l'inconfort et vous engager dans un apprentissage sans fin. Cela représente un véritable défi, il y a un prix à payer, et vous allez en baver, mais dans ce processus, vous découvrirez toute l'étendue de votre potentiel. Accomplissez votre travail, maîtrisez bien vos compétences, et votre passion se développera.

Alors, oubliez un moment la passion, et mettez-vous au travail pour atteindre cette maîtrise.

Le jeu en vaut la chandelle

À un moment donné, la mission vous semblera peut-être trop rude. Pourquoi se donner la peine de s'engager dans cette voie ? Ma réponse : parce que cela peut bouleverser votre vie. La réussite peut avoir un impact profond et durable sur les personnes, leurs familles et leurs communautés. Construire un héritage est un travail de longue haleine, mais si vous vous investissez à fond et accomplissez votre travail, croyez-moi, le jeu en vaut la chandelle. Voici quelques-unes des récompenses que vous récolterez en chemin.

La responsabilisation individuelle, par :

- *La maîtrise de vos compétences :* l'estime de soi et la maîtrise de son métier sont profondément liées. Votre estime de vous-même augmentera à mesure que vous progresserez vers la maîtrise. Pour ma part, plus je gagnais en compétences, plus les autres m'appréciaient, et – encore plus important – plus je m'appréciais moi-même et m'accordais de la valeur. La maîtrise n'est pas une destination, c'est plutôt un voyage à la découverte de soi. Tout au long de ce processus, vous allez constater cette connexion entre les compétences que vous aiguisez et l'épanouissement de votre valeur propre. La maîtrise est un miroir qui reflète l'éclat de votre véritable être intérieur.

- *La création de richesse :* prenez en main votre destin financier en misant sur les études et la formation, sur une gestion responsable de vos finances (personnelles et professionnelles), et sur un entrepreneuriat réussi, et bien sûr des investissements.

- *Le développement personnel :* il est essentiel à la réussite. En surmontant les difficultés, vous apprendrez à faire preuve de résilience, à développer la gestion de soi, et à trouver des solutions pour résoudre les problèmes. Avec cette assurance, vous vous sentirez libre de saisir de nouvelles opportunités, de prendre des risques et de vous remettre en question, avec l'objectif de vous développer personnellement et professionnellement.

- *La liberté d'être et d'agir :* les personnes qui réussissent façonnent leur destin et agissent comme elles l'entendent, selon leurs propres conditions, et ainsi leur vie est totalement en accord avec leurs valeurs et leurs désirs.

La transformation de l'entourage et des communautés

- *Donner le pouvoir d'agir:* à mesure que vous grandissez et vous développez, partagez vos connaissances, vos compétences et vos ressources avec votre entourage et les communautés locales. Vous leur offrirez ainsi les moyens de développer leurs propres compétences et aptitudes, et favoriserez ainsi une culture d'amélioration constante.

- *Contribuer à la société:* vous avez cette possibilité d'être un catalyseur de changement. À mesure que vous prospérez et vous épanouissez, vous pouvez rendre service à la société, soutenir des causes qui résonnent avec vos valeurs, et contribuer au bien-être du monde autour de vous.

La construction d'un héritage durable

- *Impacter les générations:* l'impact d'une personne qui réussit s'étend bien au-delà de sa propre vie. On peut transmettre des valeurs et des principes solides de génération en génération, et jeter ainsi les bases d'une réussite durable.

- *Inspirer les futurs entrepreneurs :* vous avez cette opportunité d'inspirer les générations futures en incarnant un modèle de possibilités et de moyens d'agir.

- *Élever les standards :* donner la priorité à l'excellence a des répercussions positives sur l'extérieur et encourage les autres à viser l'excellence.

Maintenant que vous connaissez tous les points positifs, il est temps de vous mettre au travail.

La puissance des rêves

Mon rêve a pris naissance bien avant que je vienne en France. Lorsque j'étais petite fille à Abidjan, j'étais complètement fan du *Cosby Show* (doublé en français). Le *Cosby Show* était une sitcom révolutionnaire qui mettait en scène une famille noire aisée et prospère : le père, Heathcliff « Cliff » Huxtable, était médecin et avait son propre cabinet dans le sous-sol de leur maison de ville. La mère, Clair Huxtable, était une associée influente dans un cabinet d'avocats de New York. Et ils étaient les parents aimants de cinq enfants : Sondra, Denise, Theo, Vanessa et Rudy. Le *Cosby Show* s'est attaqué aux stéréotypes en montrant les Huxtable comme une famille bienveillante, confrontée aux problèmes normaux du quotidien, et à laquelle on pouvait s'identifier. C'était la première fois que je voyais à la télévision une famille noire riche, accomplie et heureuse.

Et moi, je racontais à tout le monde que Clair Huxtable était ma mère[3]. Je me souviens d'un épisode où Clair disait à son fils, Theo, qu'elle ne voulait pas que ses enfants soient des statistiques. Je ne savais pas ce que cela voulait dire au juste, mais j'en avais saisi l'idée générale. Une chose était sûre : c'était à moi que ma maman de télévision s'adressait !

Quand j'ai déménagé en France à l'âge de 12 ans, j'ai découvert que le *Cosby Show* n'était pas une série française mais américaine, tout comme de nombreuses séries télévisées qui m'obsédaient à l'époque : *Drôle de vie*, *Arnold et Willy*, et *Campus Show* (un spin-off du *Cosby Show*). Chacune de ces séries montrait des univers où les Noirs étaient exceptionnels, riches, et en pleine réussite. En France, nous n'avions pas de modèles noirs en dehors du sport et du divertissement. Ces séries sont devenues mon échappatoire, ma joie. Chaque jour, la télévision me vendait le rêve américain et j'y adhérais totalement. C'était sûr : **un jour, j'irai en Amérique**.

Malgré la réalité qui m'entourait – ou peut-être à cause d'elle – je m'accrochais à ce rêve. Ma réalité était sombre. Je n'avais aucun goût pour l'école classique et j'ai fini par abandonner, pour me réorienter vers un lycée professionnel à l'âge de 15 ans. Mon français teinté d'un fort accent rendait les perspectives d'emploi rares. Autour de moi, mes amies étaient poussées vers

3. Trente ans plus tard, alors que je vivais aux États-Unis, j'ai rencontré ma maman de télévision, Clair Huxtable (Phylicia Rashad) ! Et croyez-moi, j'ai pleuré comme un bébé. Face à la misérable réalité de mon enfance, je me suis accrochée à mon rêve. Et lorsque Phylicia s'est retrouvée en face de moi, j'ai compris que mon rêve était devenu réalité.

des mariages précoces. Nous avions le choix entre un emploi subalterne ou un mariage avec un homme plus âgé qui serait le père de nos futurs enfants. Rien de plus.

Pourquoi notre situation n'a-t-elle pas vraiment changé après avoir quitté l'Afrique de l'Ouest ?

Parce que nous nous sommes simplement contentés de notre nouveau foyer, peut-être un peu trop satisfaits de ce que nous avions. Pour beaucoup, dont les membres de ma famille, rien que le fait d'être arrivé jusqu'en France était déjà une bonne chose. Ils étaient contents que l'État s'occupe d'eux ; pour eux, c'était tellement mieux que notre vie d'avant. Nous étions en sécurité ici, nous pouvions trouver du travail et envoyer de l'argent au pays, nous avions accès aux soins de santé et à un logement. En plus, nos familles ont apporté leur culture, leur nourriture et leur éducation dans le nouveau pays d'accueil, afin que les enfants puissent suivre leurs traces.

L'attachement à notre culture, c'est important pour nous, mais en parallèle nous n'osions même pas rêver d'une vie meilleure. En fait, rêver n'était pas considéré d'un bon œil. Pour les parents et le reste de l'entourage, il était de leur devoir de nous faire garder les pieds sur terre et de nous confronter à la réalité. Comme si nous ne méritions pas mieux.

Nos familles avaient de bonnes intentions, elles pensaient bien faire. La génération de ma mère a tout simplement accepté cette façon de vivre. Mais de mon côté, j'avais envie de beaucoup plus. Et on m'a taxée d'ingrate. Au contraire, j'étais **vraiment** reconnaissante, mais quelque chose en moi s'agitait. Je sentais que la vie avait plus à m'offrir, et je voulais cela à tout prix. Mais comment faire pour y accéder ?

J'aurais pu devenir prisonnière de cette réalité de vie d'immigrée pauvre et sans perspectives d'avenir. Mais ce rêve américain, mon rêve, aussi irrationnel et impossible soit-il, m'a poussée dans une quête de vie meilleure. Mon corps était peut-être dans la banlieue parisienne, mais mon esprit et mon âme étaient bel et bien en Amérique. Ce rêve a été d'une grande aide pour me libérer des conventions culturelles et sociales et il a ouvert mon esprit à la possibilité d'autre chose. Grâce à lui, j'ai fait face à ma réalité et j'ai envisagé ce qu'il fallait faire : fuir mon quartier, trouver du travail, gagner de l'argent, apprendre l'anglais, déménager en Amérique… la liste était longue.

Je n'avais aucune idée de la manière dont je m'y prendrais, mais je savais au fond de moi qu'il y avait des opportunités en Amérique, elles m'attendaient. Et je n'allais certainement pas devenir une statistique, ici en France, ça jamais[4].

4. Je pensais que le rêve d'aller en Amérique me porterait tout au long de ma vie. Mais l'Univers et la société qui gravite autour de moi conspiraient avec bienveillance, et avaient un plan bien plus grand pour moi que mon plus grand rêve de l'époque.

Vous vivez à 100 % ou vous vous contentez d'exister ?

Vivre est la chose la plus rare du monde.
La plupart des gens se contentent d'exister.
Oscar Wilde

Enfant, vous grandissez en portant les attentes de vos parents et de votre communauté. Il y a aussi les attentes des copains, sans parler de la société qui a tout le temps son mot à dire. C'est lourd, non ?

Maintenant, posez-vous ces questions : êtes-vous en train de vivre le rêve de quelqu'un d'autre ? Vous vous conformez à ce que tout le monde veut pour vous ? Vous vous contentez simplement d'exister ?

Le poids de toutes ces attentes peut être oppressant. Comment s'en libérer et se forger sa propre identité ?

Parfois, il faut s'affranchir des contraintes culturelles, religieuses et traditionnelles qui ne sont pas en harmonie avec son moi profond et sa vision de la vie. L'idée c'est de rêver de l'impossible, sans se laisser influencer par les bruits et parasites qui vous entourent. Je sais, c'est plus facile à dire qu'à faire, mais allons-y franchement, attaquons, entrons dans le vif du sujet.

Vous vous demandez sans doute comment vous allez faire. Eh bien, il va vous falloir beaucoup de courage. Vous allez devoir vous imaginer vivre votre plus grand rêve. Vous devez choisir votre vie, même s'il y a de l'inconfort et que l'échec est une possibilité.

L'idée, c'est de décider si vous voulez vivre votre propre vie ou juste vous contenter d'exister et laisser les autres ou la vie dicter votre destin.

Pensez à tous ces moments où l'opinion des autres vous a piqué, en particulier lorsque vous vous sentiez comme un étranger et en dehors du lot. Il faut du cran pour se soustraire à tout cela et libérer son véritable potentiel. Mais vous savez quoi ? C'est absolument indispensable, il faut le faire.

Dans votre quête de grandeur, vous devrez peut-être rompre les liens avec les attentes – et les personnes – qui vous freinent. Parfois, il faut grimper seul, car porter le poids des autres peut vous ralentir pour la suite et même peut-être vous empêcher d'atteindre le sommet. Vous n'avez pas à être impitoyable et sans cœur ; il s'agit juste de comprendre que vous portez la responsabilité de votre propre parcours.

Suivre sa propre route n'a rien de négatif, ce n'est pas un coup dur, c'est un signe d'authenticité. Se séparer de certains proches et amis trop exigeants peut être l'étape décisive dont vous avez besoin. Et croyez-moi, avec le recul, vous trouverez encore le courage de passer ce coup de fil.

En résumé, vous avez le choix entre deux possibilités :

- Vivre pleinement, selon vos propres choix, vos propres décisions en conscience, pour atteindre une vie meilleure et en accord avec vos valeurs et vos envies. Vivre, c'est poursuivre un but. Chacun d'entre nous doit pouvoir évoluer, avancer, s'améliorer et montrer qu'il brille davantage chaque jour.

OU

- Exister, et cela se résume à simplement être là. C'est un état où l'on se laisse un peu bercer par la vie, on voit celle-ci défiler devant nos yeux, on ne progresse pas, et on ne passe pas à l'action. Et les années passent ainsi. Et comme l'avait dit assez justement John Fitzgerald Kennedy, il ne faut pas chercher à rajouter des années à sa vie, mais plutôt essayer de rajouter de la vie à nos années.

Alors, à vous qui lisez ces lignes, assurez-vous d'avoir un rêve, un idéal, une motivation, qui vous mettent dans un état de dépassement de soi, qui vous donne ce sentiment d'accomplissement.

> Dans son plan parfait, l'Univers a placé sur ma route des personnes dont la destinée était de partager mon aventure. C'est avec ces personnes que ma valeur brille le plus.

Rêver : mode d'emploi

Voici quelques clés pour rêver :

- Imaginez-vous dans un environnement sans aucune limite.
  - Visualisez un scénario où aucun obstacle ne vous ralentit.
  - Imaginez-vous libre de toute restriction physique, mentale ou sociale.
- Identifiez votre rêve.
  - Quelle est la vie dont vous rêvez, aussi grande et fantastique soit-elle ? Quelle est cette vision audacieuse qui vous donne le frisson ?
  - Faites preuve de courage et rêvez GRAND. N'ayez pas peur de ce que les autres pensent – ce rêve, c'est le VÔTRE.
  - Envisagez une vie au-delà de votre situation actuelle.
  - Que détestez-vous dans votre situation actuelle et qui vous poussera à agir ?

- Gardez bien à l'esprit les raisons de votre rêve.
    - POURQUOI voulez-vous que ce rêve se réalise ? Gardez en tête votre objectif, et votre motivation ne vous lâchera pas.
    - À quoi ressemble votre rêve sous tous ses angles ? Y a-t-il des images, des sons, des odeurs, des saveurs ? Visualisez toutes les personnes que vous pouvez aider – vous-même, votre famille, votre entourage. Laissez-vous porter par ces sentiments.
    - Accrochez-vous à ce que vous ressentez face à ce rêve immense, sans vous préoccuper du comment.
- Poursuivez votre rêve.
    - Votre rêve rend service à l'humanité
    - Consacrez-vous pleinement à votre rêve.
    - N'oubliez pas : la taille de vos rêves détermine l'ampleur de votre réussite !

Engagez-vous à réaliser votre rêve. Et dans ce processus de poursuite de votre rêve, la ligne d'arrivée est importante, certes, mais ce qui compte le plus, c'est ce qui se trouve au-delà de cette ligne, c'est-à-dire la personne que vous allez devenir. Vous allez franchir un palier, transcender vos rêves, et devenir quelqu'un d'autre. Mes mots vous paraîtront peut-être bruts, mais vous devez « tuer » la personne que vous êtes aujourd'hui, pour être la personne que vous souhaitez devenir demain. Votre personnalité et votre mentalité s'engageront sur un chemin d'évolution, vous raisonnerez et vivrez de façon différente, et vos choix en seront impactés… pour le meilleur. C'est cela, le pouvoir de poursuivre ses rêves.

En anglais, on dit souvent « We all have greatness in us », la grandeur existe en chacun de nous. Nous l'avons tous en nous. Alors, rêvez grand, fixez-vous des rêves et des objectifs, et engagez-vous à les réaliser. Regardez le monde se remodeler autour de votre vision ! Le pouvoir du rêve est infini !

Notez votre rêve sur un papier. Vous pourrez le faire évoluer tout au long de vos expériences et de votre apprentissage de vous-même. Accueillez ce rêve, nourrissez-le et laissez-le vous propulser vers une réalité qui dépasse votre imagination la plus folle.

Rêvons avec Mawa

Fermez les yeux et respirez profondément plusieurs fois.

Tout commence par l'imagination, alors tout est possible.

Commencez par créer la vie que vous désirez.

Imaginez ce que pourrait être cette vie.

Imaginez ce que vous ressentirez lorsque vous apporterez du changement à votre situation actuelle.

Imaginez toutes les personnes que vous pouvez aider.

Imaginez ce que vous ressentez.

Ouvrez les yeux et écrivez ce que vous avez ressenti et vu.

Ne soyez pas timide au sujet de votre rêve.

Imaginez l'impossible, rêvez grand.

Que vos rêves soient suffisamment grands pour durer toute une vie.

N'oubliez pas, les rêves évoluent, les rêves changent et prennent d'autres formes, les rêves peuvent encore grandir et devenir plus beaux encore.

La raison d'être

Lorsque j'étais fille au pair à Londres, j'avais remarqué que la mère de famille regardait tous les jours l'émission d'Oprah Winfrey, *The Oprah Winfrey Show.* J'étais surprise qu'une femme blanche influente soit comme hypnotisée par une femme noire à la télévision. Mais que pouvait bien dire cette « Oprah » pour qu'elle lui consacre une heure chaque jour de la semaine ? Après ce constat, j'ai voulu entendre et comprendre par moi-même, alors je me suis lancée avec sérieux dans des cours d'anglais, à raison de plusieurs heures chaque matin et chaque soir. Et cela a payé.

Oprah est devenue un modèle, et grâce à ses paroles positives et inspirantes, j'ai pu déceler le potentiel en moi. Ses conseils et ses encouragements ont nourri ma détermination à poursuivre mon rêve.

Et c'est là que j'ai saisi, pour la première fois, ce qu'était la raison d'être. Je l'ai vécu comme un moment clé, où je pouvais enfin exprimer clairement pourquoi je faisais ce que je faisais. J'ai eu le sentiment d'une révélation, d'un éclair de lucidité qui m'a permis de comprendre le sens plus profond derrière mes actions et mes aspirations.

La raison d'être, c'est la motivation profonde de nos actions, la force motrice qui donne un sens et une direction à notre vie. Atteindre un sentiment de réalisation et de satisfaction dans ce que nous faisons, au-delà de se contenter de survivre ou de s'accomplir, c'est cela l'idée.

Découvrir sa raison d'être exige de l'introspection et de la réflexion, c'est un voyage à la découverte de soi. C'est explorer ce qui compte vraiment pour vous, ce qui vous apporte de la joie et de l'épanouissement, et comment vous pouvez avoir un impact significatif sur le monde qui vous entoure.

Être animé par une raison d'être n'implique pas forcément de détenir toutes les réponses. C'est être curieux et ouvert à la beauté et au désordre du chemin à parcourir. C'est accepter pleinement l'incertitude et l'inconfort, et croire avec confiance que notre chemin se déroulera en temps voulu et à son rythme.

Trouver sa raison d'être

La première étape consiste à vous connecter à ce qui vous illumine vraiment. Pensez à ces activités qui vous mettent du baume au cœur et vous apportent de la joie.

Ensuite, identifiez vos valeurs fondamentales, les principes qui vous sont chers et qui guident votre processus de décision.

Et enfin, analysez à fond vos forces, vos talents et vos aptitudes.

Une fois que vous avez fait cela, il est temps maintenant d'aligner vos passions, vos valeurs et vos forces avec vos objectifs et votre grand rêve.

Notre raison d'être, ce n'est pas quelque chose que l'on trouve, c'est quelque chose que l'on crée, que l'on nourrit et que l'on vit chaque jour avec passion et conviction.

J'écris un journal, et c'est une habitude grâce à laquelle j'ai pu définir ma raison d'être et comprendre quelles sont les valeurs et les compétences qui me sont propres pour la vivre pleinement. C'est le cœur rempli de gratitude que je repense aux douleurs et aux déceptions, car ces expériences ont contribué à ce que je me trouve ici et maintenant. Ma raison d'être évolue tout au long des phases de ma vie.

*
* *

Cette raison d'être oriente mon cheminement actuel et me motive chaque jour :

> Ma raison d'être, c'est d'offrir de la force et des moyens d'action aux rêveurs, de les guider afin qu'ils embrassent leurs aspirations, qu'ils aient confiance en leur pouvoir et qu'ils poursuivent avec courage leurs désirs. Je souhaite les inciter à s'affranchir des attentes de la société, à devenir des catalyseurs du changement et à accompagner la prochaine génération. En partageant leurs luttes et leurs triomphes, je cherche à cultiver une communauté où les individus trouvent de la force dans leurs histoires, en servant de modèles au sein de leurs propres communautés, et en transformant leurs défis en opportunités d'élever les autres.

Mettez à l'écrit votre raison d'être et observez comment elle modifie vos ressentis et votre prise de décisions.

Votre définition de la réussite

J'ai une question : la réussite, c'est quoi pour vous ? Avant de se lancer dans l'aventure, il faut savoir où l'on va. Ou au moins avoir une idée d'où l'on veut aller.

La réussite, c'est quelque chose de personnel. Vous seul pouvez définir ce qu'est votre propre réussite. Tout repose sur le pourquoi, sur les raisons qui vous motivent : pourquoi est-ce que vous faites ce que vous faites ? Qu'est-ce qui vous motive et vous inspire ? À quoi ressemble la réussite pour vous ? Personne d'autre que vous ne peut répondre à ces questions et donner une définition de la réussite. La réussite, ce n'est pas nécessairement suivre les diktats de la société. La réussite n'a pas grand-chose à voir avec les followers sur les réseaux sociaux, les voitures, les maisons, ou le bling-bling en général. Mais si c'est ce que vous désirez maintenant, pas de problème, c'est bien aussi. La réussite, c'est ce qui résonne au plus profond de votre cœur et de votre âme.

L'argent, c'est important, mais ce n'est pas le but ultime. Être millionnaire ? C'est un statut qui peut disparaître en un claquement de doigts. L'argent est un outil qui permet de créer des opportunités au service de votre famille et de la société. Avoir un impact, bâtir un héritage et opérer un changement sur plusieurs générations ? Ça, c'est éternel.

Au-delà du gain personnel, la réussite ouvre des perspectives pour nous-mêmes, nos familles et la communauté. Pour moi, la réussite c'est briser les chaînes de la pauvreté et construire un héritage qui s'étend sur plusieurs générations. Je veux que ma famille s'envole vers la réussite, qu'elle s'élève, qu'elle ne s'inquiète plus de savoir s'il y aura à manger sur la table, et qu'elle ne connaisse pas les difficultés auxquelles les générations précédentes ont été confrontées. La richesse générationnelle ne peut durer si l'on n'inculque pas en parallèle un état d'esprit de discipline, de travail acharné, de détermination et de service.

La réussite, c'est la transformation et la prise en main de son destin. C'est donner l'exemple et montrer à soi-même et au monde tout le champ des possibles. La réussite est un vecteur pour donner des moyens d'action au monde, pour l'élever et le changer. Réussir, c'est dire : « Je suis là. J'ai de l'importance. Je vais faire la différence et laisser un héritage dans le monde dans lequel je vis. »

Votre vision de la réussite ? C'est à vous de la façonner. Alors, gardez la tête haute. Soyez un exemple à suivre, aiguisez votre état d'esprit et n'oubliez jamais : la véritable réussite consiste à évoluer dans ce monde avec cœur, l'esprit axé sur ses objectifs, et avec la certitude de faire la différence, sous quelque forme que ce soit. Vous avez le pouvoir de modifier non seulement votre histoire, mais aussi celle de vos proches et de ceux qui viendront après vous.

L'état d'esprit de développement

Considérez-vous les défis comme des opportunités pour apprendre et grandir ?

Croyez-vous que l'effort et le travail soutenu contribuent à la réussite ?

Êtes-vous ouvert et désireux de tirer des enseignements des retours et critiques ?

Si vous avez répondu « oui » à toutes les questions, félicitations, vous êtes doté d'un état d'esprit de *développement* ! Si vous avez répondu « non » à l'une ou l'autre des questions, il se peut que vous ayez un état d'esprit *fixe*, ce qui peut entraver votre réussite personnelle et professionnelle. Les personnes ayant un état d'esprit fixe pensent que nos aptitudes, notre intelligence et nos divers talents sont des caractéristiques fixes qui ne peuvent pas être modifiées. Et je suis là pour vous aider à comprendre pourquoi il est important d'adopter un état d'esprit de développement.

Jusqu'à récemment, je ne savais même pas ce que signifiait l'expression « état d'esprit de développement ». Quand j'ai commencé à me renseigner sur le sujet, j'ai réalisé que j'avais, sans le savoir, adopté un état d'esprit de développement au cours de mon parcours – en abordant les obstacles de la vie avec résilience, en étant avide d'apprendre et en croyant à l'amélioration continue. Cette prise de conscience m'a aidée à façonner mon point de vue sur les défis et m'a donné les moyens de poursuivre mon voyage au cœur de la découverte de soi et de l'évolution.

Votre état d'esprit est le fondement de votre développement personnel et professionnel. C'est le prisme à travers lequel vous voyez et abordez les défis, les revers et la croissance. Un état d'esprit positif et orienté vers le développement, si nous le cultivons au fil du temps, devient la pierre angulaire de la résilience, de l'adaptabilité et d'un effort constant d'apprentissage continu. Il vous propulse vers la réussite et l'épanouissement dans tous les aspects de votre vie.

Pour acquérir un état d'esprit de développement, il est nécessaire de cultiver certaines attitudes et habitudes qui favoriseront votre croyance dans toutes les possibilités d'apprentissage et d'amélioration. Voici quelques stratégies dans ce sens :

- *Acceptez les défis* : considérez les défis comme des opportunités de croissance plutôt que des menaces. Accueillez les difficultés comme des occasions d'apprendre et de développer de nouvelles compétences.

- *Tirez des leçons des critiques :* considérez les retours d'informations, en particulier les critiques constructives, comme une contribution utile à votre amélioration. Voyez-les comme un outil permettant d'améliorer vos compétences et vos aptitudes.

- *Valorisez l'effort :* reconnaissez et appréciez le rôle de l'effort et du travail soutenu dans le processus d'apprentissage. Saisissez bien l'idée que l'engagement et la persévérance contribuent à la réussite.

- *Ne dites pas « je ne peux pas », sans utiliser le mot « encore » :* lorsque vous êtes confronté à une nouvelle compétence ou à un nouveau challenge, ajoutez le mot « encore » à votre vocabulaire. Par exemple, au lieu de dire « je ne sais pas faire ça », dites plutôt « je ne sais pas encore faire ça ». Cette formulation indique que vous croyez en une amélioration future.

- *Célébrez vos progrès :* soyez conscient de vos progrès, aussi minimes soient-ils. Reconnaissez que s'améliorer, c'est un cheminement sur la durée.

- *Apprenez en permanence :* cultivez l'amour de l'apprentissage. Soyez à l'affût des opportunités d'acquérir de nouvelles connaissances et compétences. Restez curieux et ouvert d'esprit.

- *Entourez-vous de personnes ayant un état d'esprit de développement :* collaborez et dialoguez avec des personnes dotées d'un état d'esprit de développement. Leur approche et leurs attitudes positives peuvent influencer votre propre point de vue.

- *Fixez-vous des objectifs :* établissez des objectifs ambitieux mais réalisables. Concentrez-vous sur le processus d'amélioration plutôt que sur le résultat seul. Décomposez ces objectifs en étapes plus petites et gérables.

- *Cultivez la résilience :* développez votre aptitude à rebondir après un échec. Au lieu de considérer l'échec comme un reflet de vos capacités, voyez-le plutôt comme un tremplin vers la réussite.

- *Utilisez des affirmations positives :* intégrez des affirmations positives dans votre état d'esprit. Rappelez-vous votre potentiel, vos capacités et votre aptitude à vous développer.

La régularité et l'engagement sont essentiels pour développer un état d'esprit de développement. Il s'agit de choisir consciemment une perspective positive sur les défis qui se présentent à vous et de rechercher activement des opportunités d'apprentissage et d'amélioration.

Adopter un état d'esprit de développement, c'est capital, car cela encourage l'amour de l'apprentissage, la résilience face à l'adversité et la volonté permanente de s'améliorer. C'est un état d'esprit qui pousse à la motivation et à l'adaptabilité, et qui favorise la capacité à tirer des leçons des succès et des échecs. C'est considérer les défis comme des opportunités et croire au pouvoir de l'effort pour atteindre la maîtrise.

Croyez en vous !

Le mantra de Mawa

Je suis aimée.
Je suis bénie.
L'Univers œuvre sans cesse pour moi.
La faveur divine m'est accordée.

La pensée positive

C'est peut-être un peu cliché, mais c'est ma vérité : la pensée positive m'a sauvée tant de fois. Enfant, je détestais au plus haut point ma vie et mon environnement. Je ne savais pas trop ce qui se passait ailleurs, jusqu'à ce que je voie le *Cosby Show*. Je m'imaginais souvent vivre en Amérique. Mon corps physique était peut-être dans ma banlieue à Trappes, mais mon esprit et mon âme étaient en Amérique. Cela suffisait à me rendre heureuse et à faire face à ma réalité immédiate.

À l'école, je voyais des élèves tellement gâtés matériellement. Au lieu d'être jalouse, j'avais conscience alors que moi aussi je voulais obtenir certaines choses. Parfois, il faut s'éloigner du bruit pour garder une perspective positive.

Mon état d'esprit, c'était de viser ce qu'il y avait de mieux et de tout mettre en œuvre pour l'obtenir. En France, pendant ma période de baby-sitter à Saint-Germain-en-Laye, même si j'avais la possibilité de vivre à Trappes dans un appartement HLM, j'avais choisi de vivre dans une chambre de bonne louée à Saint-Germain-en-Laye. Je voulais comprendre l'état d'esprit de cette famille aisée qui m'employait. J'observais tout le temps ce qu'ils mangeaient, ce qu'ils portaient, comment ils gagnaient leur argent, la musique qu'ils écoutaient, les livres qu'ils lisaient, la façon dont ils éduquaient leurs enfants – absolument tout. J'en ai conclu qu'ils étaient toujours positifs, et j'ai supposé que c'était la conséquence de leur richesse et de leur réussite.

Alors, j'ai adopté la technique du recadrage positif – comment puis-je présenter la meilleure version de moi-même ? Comment puis-je voir ma situation sous un angle positif ? Le fait de visualiser des résultats positifs a renforcé ma confiance, ma motivation et mon optimisme.

Lorsque vous êtes dans une situation désespérée, penser positivement et vous accrocher à votre rêve peut vous emmener jusqu'à la journée suivante ou la prochaine étape. J'ai compris que je devais d'une part avoir une forte croyance en moi, et d'autre part avoir confiance en une puissance supérieure qui préparait un avenir divin pour moi.

La pensée positive consiste à se concentrer sur les aspects positifs d'une situation, à s'attendre à des résultats favorables et à maintenir une perspective d'espoir, même face à des défis ou des revers. De plus, d'après certaines recherches, garder un état d'esprit positif peut réduire le stress, améliorer l'humeur et renforcer le bien-être général.

Les principes clés de la pensée positive sont les suivants :

- *L'optimisme*: les penseurs positifs croient généralement que les choses vont se dérouler de la meilleure façon possible, et ils cherchent le bon côté des situations difficiles. Malgré la difficulté d'une situation, je m'efforce toujours de voir son aspect positif et de déceler le bon dans le mauvais.

- *La confiance en soi:* c'est la conviction que vous pouvez atteindre vos objectifs et réaliser vos rêves, même si les autres pensent que vous n'en êtes pas capable.

- *La gratitude:* cultiver le sentiment de gratitude, c'est apprécier et se concentrer sur les aspects positifs de sa vie, et cela favorise ainsi le contentement et le bien-être. J'ai un « journal de gratitude » dans lequel j'écris tout ce pour quoi je suis reconnaissante dans ma vie. Cela m'aide à me souvenir des belles choses et du positif lorsque je suis en difficulté.

- *L'affirmation de soi*: les adeptes de la pensée positive utilisent souvent des affirmations pour renforcer les croyances positives qu'ils ont sur eux-mêmes et leurs capacités, ce qui contribue à développer leur confiance en soi et leur résilience. Conseil: se regarder dans le miroir aide à réaffirmer cela.

- *Un état d'esprit axé sur les solutions :* au lieu de s'appesantir sur les problèmes, les penseurs positifs recherchent activement des solutions et se concentrent sur ce qui peut être mis en place pour améliorer une situation. La résolution de problèmes et la prise d'initiatives deviennent une seconde nature.

- *Des mécanismes d'adaptation sains :* la pensée positive implique d'avoir recours à des stratégies d'adaptation constructives et saines pour gérer le stress et l'adversité, comme la recherche de soutien, la pratique de la pleine conscience ou la participation à des activités qui procurent de la joie.

Il est important que vous sachiez que la pensée positive n'est pas une panacée pour tous les défis qui se présenteront à vous. Une approche équilibrée, qui reconnaît et aborde les difficultés, est indispensable pour votre résilience de façon générale et votre développement personnel. La pensée positive ne signifie pas ignorer ou nier l'existence des problèmes, mais les aborder avec un état d'esprit orienté vers des solutions et des possibilités d'amélioration.

Attention à la positivité toxique, qui consiste à accorder trop d'importance à la pensée positive, jusqu'à négliger les émotions authentiques et entraver votre véritable développement personnel.

Dites-vous qu'une force vous porte et vous soutient dans l'élaboration de votre propre destin. Le voyage peut être difficile, mais c'est en vous que réside le pouvoir de façonner votre histoire. Adoptez la positivité – vous êtes né pour gagner et prospérer!

Croire en soi

Je crois en MOI !

Je crois, au plus profond de mon âme,
que rien ne peut m'arrêter !

Parfois, j'ai l'impression
d'être la seule à croire en moi,
et c'est bon, ce n'est pas grave.

D'ailleurs, si je ne crois pas
en moi, qui d'autre le fera ?

La confiance en soi, c'est le moteur de votre réussite et ce qui vous pousse vers l'accomplissement de vos objectifs.

Et cela n'a rien de magique ou de compliqué. La confiance en soi s'inscrit dans un état d'esprit gagnant, c'est un choix conscient par lequel on fait confiance à ses capacités et à son potentiel.

D'abord, ayez conscience de vos points forts, de vos réalisations passées, et reconnaissez les qualités uniques qui font de vous la personne que vous êtes aujourd'hui. Pensez à ces moments où vous avez affronté des défis et en êtes sorti victorieux. Accrochez-vous à ces victoires, utilisez-les pour alimenter votre confiance en vous.

Maintenant, comment développer votre confiance ? Commencez par fixer des objectifs clairs et réalisables. Décomposez-les en plus petites étapes, plus faciles à gérer. Au fur et à mesure que vous atteindrez chaque étape, vous prendrez naturellement confiance en vos capacités. N'oubliez pas que ce qui compte, ce n'est pas l'ampleur de votre objectif, mais les progrès que vous réalisez.

Entourez-vous de positivité. Vous devez éliminer la négativité autour de vous, qu'il s'agisse de personnes négatives, de doutes sur vous-même ou de croyances limitantes. Lorsque vous percevez une énergie négative, éloignez-vous-en. Créez un environnement favorable au développement et qui renforce votre confiance en vous. Recherchez la présence de personnes qui vous encouragent et vous inspirent. Vous devenez la moyenne des cinq personnes que vous fréquentez le plus[5], alors faites ce choix judicieusement.

Je vous conseille également la visualisation, qui est un outil puissant. Imaginez-vous en train de réussir, d'atteindre vos objectifs et de ressentir un sentiment d'accomplissement. Voyez et ressentez tout cela, et laissez cette vision nourrir votre foi en ce qui est possible pour vous. Votre esprit est puissant et plein de ressources – remplissez-le de pensées positives et gravez dans votre cerveau votre vision de la vie.

5. Citation de Jim Rohn : « Vous êtes la moyenne des 5 personnes que vous fréquentez le plus. »

Et n'oublions pas le dialogue avec soi-même. Quelles sont les histoires que vous vous racontez au sujet de vous-même? Suivez et écoutez bien ce dialogue intérieur. Cessez de dire « je devrais ». Remplacez les pensées négatives par des affirmations positives. Rappelez-vous vos capacités et vos succès passés. Transformez les « je ne peux pas » en « je peux » et « je vais ».

Construire et maintenir la confiance en soi est un processus continu. La vie est faite de hauts et de bas, mais votre confiance en vous doit rester inébranlable. Surtout dans les phases difficiles. Accueillez les défis comme des occasions de grandir, d'apprendre et de vous prouver que vous êtes capable de tout surmonter.

Croyez en vous, agissez de façon cohérente et regardez bien votre confiance en vous devenir le moteur de votre réussite. Vous pouvez le faire!

*
* *

Avant, je détestais lire et j'étais très lente dans mes lectures. C'était déjà difficile pour moi de lire en français, alors en anglais c'était encore plus pénible. Quand j'ai entendu Oprah dire qu'il fallait lire, car « les livres ouvrent des fenêtres sur le monde », je me suis forcée à me concentrer, même si j'avais des maux de tête rien qu'en regardant les mots sur les pages. Il me fallait deux heures pour lire une page. Tout ce que je savais, c'est que si Oprah le disait, je devais persévérer. Je ne m'arrêterais pas tant que je n'aurais pas lu un livre entier.

Il m'a fallu un mois pour terminer *Le Siège de l'âme,* de Gary Zukav, et à la fin je me suis sentie victorieuse ! En feuilletant les pages de ce livre, j'ai vu défiler devant mes yeux tous les mots et toutes les phrases qui étaient autrefois mes ennemis. Je savais que je pouvais y arriver. Je me suis fixé pour objectif de lire un livre par mois, ce qui voulait dire qu'à la fin je lisais 12 livres par an ! Je ne suis pas quelqu'un de stupide, j'avais juste beaucoup de mal avec la lecture. J'ai travaillé avec assiduité et sérieux, j'ai atteint mon objectif et, par conséquent, j'ai maintenant une plus grande confiance en mes capacités.

La maîtrise se transforme en confiance en soi.

Je n'ai pas eu le luxe d'avoir des parents qui croyaient en moi. D'ailleurs personne ne croyait en moi. Il a donc fallu que je croie en moi.

Lorsque j'ai commencé à imaginer une vie plus grande que celle que je vivais, j'ai eu davantage confiance en mon avenir.

Croire en soi n'est pas inné. Cela s'acquiert avec l'expérience. C'est une série d'actions – même petites – qui contribuent à développer la confiance en soi.

Allez-y, sortez de votre zone de confort.

Ne vous victimisez pas

J'ai grandi à Attiékoi, un village du district d'Abidjan. Après ma naissance, ma mère, âgée de 18 ans, m'a confiée à un membre de la famille, puis elle est partie en France, à Trappes, en quête d'une vie meilleure. Mais le quotidien dans lequel elle m'a laissée était éprouvant. Au cours des neuf premières années de ma vie, j'ai été ballottée d'un foyer à l'autre, élevée par différentes personnes, et ce n'étaient même pas mes vrais parents.

À Abidjan, nous avions à peine un repas par jour. Enveloppée dans un vieux pagne[6], je dormais sous la table et j'ai appris à me taire, à devenir invisible et à me fondre dans le décor, car je me sentais indésirable et abandonnée. Et à l'école, ce n'était pas mieux. J'avais beaucoup de mal avec les études, et mes professeurs me punissaient souvent à coups de fouet. Malgré tous mes efforts, je ne me sentais jamais assez intelligente.

Et avec chaque année qui passait, avec chaque combat, la rancœur à l'égard de ma mère grandissait. Elle m'avait abandonnée à tout cela – c'était sa faute. J'étais la victime. Enfant, j'ignorais qu'elle avait ses propres problèmes. Elle m'avait quittée, mais elle l'avait fait pour gagner l'argent qui me permettrait d'avoir une vie meilleure. Ma mère n'a jamais eu de femme forte et capable dans sa vie, ni de figure maternelle pour lui

6. Largement utilisé en Afrique de l'Ouest, le pagne désigne un morceau d'étoffe ou de matière végétale tressée, présentant des motifs variés. Il est ajusté autour de la taille, et descend jusqu'aux cuisses (et parfois jusqu'aux pieds).

apprendre ce qu'il fallait faire. Elle a gagné sa vie et appris de la vie par elle-même.

Comme elle m'avait quittée, je pensais qu'elle devait me détester. Comment pouvait-il en être autrement ? Lorsque je l'ai revue, nous étions des étrangères. Et cette femme que je ne connaissais pas m'a arrachée à ma vie pour me parachuter en territoire inconnu une fois de plus, avant de s'en aller à nouveau. Et c'est ainsi qu'à neuf ans, j'ai rencontré mon père pour la première fois. J'étais terrifiée.

Mes parents appartenaient à des cultures, religions et tribus différentes. Certes, je ressemble à ma mère, mais mon prénom me vient de mon père : Mawa. Dans mon enfance, ce prénom a fait de moi une étrangère, une intruse. Et je le détestais tellement. Quand j'allais l'église, deux fois par semaine, je subissais même les harcèlements des enfants à cause de lui.

Une fois atterrie dans le monde de mon père – avec sa culture, ses règles, sa rigidité – il a fallu grandement s'adapter. Pourtant, je commençais à entrevoir une nouvelle voie. Soudain, je me suis retrouvée à manger trois repas par jour. J'avais des vêtements, un vrai lit (que je partageais avec ma grand-mère, dont je porte le prénom), une communauté qui m'avait intégrée, de nombreux demi-frères et sœurs, et une belle-mère qui me défendait. C'est là que j'ai commencé à devenir la Mawa que je suis aujourd'hui.

Puis, ma mère m'a de nouveau déracinée, me retirant brusquement de ce foyer aimant pour aller vivre avec elle sur un autre continent. Cette femme que je connaissais à peine – et qui m'avait abandonnée – m'arrachait maintenant à tout ce qui m'était familier. J'ai sombré encore plus profondément dans ma mentalité de victime. Et ma nouvelle situation n'a fait que renforcer ce sentiment. Nous vivions dans la banlieue, à Trappes. Imaginez 12 personnes entassées comme des sardines dans un 3 pièces, où je devais cuisiner, faire le ménage et m'occuper de demi-frères et sœurs que je n'avais jamais rencontrés jusqu'alors. À mes 17 ans, la police a débarqué et nous a expulsés. C'est comme cela que j'ai appris que nous étions sans papiers et que nous vivions illégalement dans l'appartement.

J'étais en colère, blessée et désorientée, et j'ai redirigé tous ces sentiments négatifs vers ma mère. Dans mon esprit, elle était responsable de tout ce qui n'allait pas dans ma vie. C'était sa faute si j'avais quitté cette vie merveilleuse avec mon père en Afrique pour une vie pauvre et sans avenir à Trappes. Je me sentais tellement isolée en France et je lui en voulais de ne pas m'avoir encouragée à prendre contact avec mon père et ma belle-mère.

Je me sentais très seule. Et puis il y a eu d'autres mauvaises nouvelles.

À l'âge de 23 ans, j'ai appris que mon père était sur son lit de mort et j'ai alors su que je devais retourner en Afrique pour le voir. C'était un voyage très risqué, car ma situation en tant qu'immigrée n'était pas encore tout à fait régularisée, mais j'avais besoin de réponses à certaines questions. Pourquoi m'avait-il laissé partir en France ? Pourquoi ne m'avait-il pas contactée ? Pourquoi m'avait-il abandonnée ?

J'ai entrepris ce voyage malgré tout. À mon arrivée à l'hôpital, quand j'ai regardé mon père dans les yeux, toute cette colère s'est dissipée. C'était le père que j'aimais tant. Je lui ai demandé : « Me reconnais-tu ? » Ses yeux se sont remplis de larmes et j'ai obtenu alors les réponses que je cherchais. Les sentiments d'isolement et de colère ont disparu. Je voulais juste être avec lui. Nous avons été inséparables tout le temps que je suis restée en Afrique. Il est décédé juste après mon retour à Paris.

Ce fut la première fissure dans le mur de victimisation et de colère que j'avais bâti autour de moi. Je me suis ouverte à la vérité. Sans ce mur de reproches, j'ai pu voir beaucoup plus clair. Je n'étais pas mal aimée ou punie, au contraire. Il y avait simplement des paramètres que je n'avais jamais pu voir – des aspects de notre culture, des traumatismes générationnels, et bien d'autres choses encore – et qui avaient façonné ma vie. Grâce à cette nouvelle manière de voir les choses, j'ai trouvé le moyen de renouer avec les personnes qui avaient fait de moi Mawa.

Ma porte s'est ouverte sur un monde nouveau, plus vaste. Si désormais je pouvais voir et comprendre ma situation, je pouvais y faire face et évoluer pour le meilleur.

Pardonner à mon père n'a été que la première étape. J'avais encore beaucoup d'autres collines à gravir. Comprendre ma mère, respecter son combat et ses actions, voir qu'elle ne m'avait pas abandonnée, tout cela m'a demandé des années de travail et d'évolution intérieure.

Aujourd'hui, ma mère est très présente dans ma vie et c'est l'une de mes plus grandes supportrices. Elle a déménagé à Aspen pour être à mes côtés et elle travaille avec moi tous les jours chez Mawa's Kitchen. Aujourd'hui, je ne peux pas imaginer ma vie sans elle. Le soutien et l'inspiration qui m'ont fait défaut pendant mon enfance me sont aujourd'hui rendus au centuple.

Mawa. Le prénom qui m'étiquetait comme une étrangère quand j'étais enfant me rend puissante aujourd'hui. C'est ma marque de fabrique.

*
* *

Dans la vie, ce n'est pas ce qui nous arrive qui importe, mais notre façon d'y réagir.

Nous traversons tous des épreuves et des périodes d'adversité. Mais ces souffrances ne doivent pas dicter notre présent ni limiter notre avenir. Des événements hors de votre contrôle se produisent tout le temps, et ce n'est pas de votre faute. Mais c'est à vous de résoudre ces problèmes. Pour beaucoup de gens – moi y compris – s'attarder sur les « j'aurais dû » et les « j'aurais pu » ne fait que nous empêcher d'avancer. Vous n'avez peut-être pas eu la famille parfaite, l'éducation idéale ou même un système d'entraide classique. Le chemin de la vie peut être semé d'embûches.

Ce n'est pas forcément évident à voir, mais nous disposons tous d'une infinité de choix. Nous choisissons – chaque jour – de changer ou de continuer à vivre la même vie. Prenez votre vie en main et saisissez bien l'idée que chaque défi est une opportunité de grandir. Vous détenez en vous le pouvoir de façonner votre propre histoire, de transformer l'adversité en force. Cessez de blâmer les circonstances et accueillez dès maintenant votre capacité à les surmonter.

Vous n'êtes pas uniquement défini par votre passé, mais vous êtes défini par les choix que vous faites maintenant et chaque jour qui suivra. Prenez le contrôle, exploitez votre potentiel et faites votre entrée dans cette vie extraordinaire qui vous attend.

Vous n'êtes pas une victime. Vous êtes le créateur de votre propre destin.

* * *

Ma mentalité de victime :

- Je ne suis pas née dans la famille parfaite.
- Je n'ai pas eu des parents parfaits et je ne les ai même pas connus dans mon enfance.
- Je ne vivais pas dans un endroit idéal.
- J'ai subi des traumatismes dans mon enfance.

- J'ai eu le sentiment d'être une enfant bâtarde, car je n'ai pas connu mon père pendant les neuf premières années de ma vie.

- Je me comparais à tout le monde en France.

- Ma mère ne m'aimait pas et ne m'encourageait pas.

- J'étais nulle à l'école.

- Je ne savais pas chanter. Je ne savais pas danser. J'étais nulle en sport.

- Personne ne m'a jamais dit « je crois en toi ».

- Personne ne m'a jamais dit « je t'aime ».

Ma mentalité de gagnante :

- J'ai pris conscience que je ne connaissais pas le passé de mes parents.

- J'ai réalisé que ma culture était différente et que nous faisions les choses différemment. Je l'ai bien compris et j'ai embrassé la beauté de ma culture. Parfois, vos parents ne vous disent pas qu'ils vous aiment, mais leurs actions le prouvent.

- J'ai vu la réalité autour de moi telle qu'elle était, sans l'empirer.

- J'ai choisi de me concentrer sur le positif. Et quant au négatif, je savais que je devais trouver des solutions.

- J'ai réalisé que je ne connaissais pas toute la vérité sur le passé de ma mère.

- Je me suis efforcée de faire un travail d'introspection pour comprendre mes propres forces et faiblesses.

- J'ai choisi de passer à l'action.

- J'ai choisi de ne pas laisser mon passé définir qui je suis.

- Je me suis efforcée d'apprendre, de grandir. Je savais qu'une vie plus grande et meilleure m'attendait, et je me suis engagée à travailler sans relâche pour l'atteindre.

- J'ai choisi d'être l'héroïne de ma vie.

- Je suis responsable de moi-même. Ma vie m'appartient.

Vous avez en vous le pouvoir de la victoire avec un grand V.

Il est temps maintenant de pardonner et de lâcher prise sur votre passé. Reprenez possession de votre identité. Vous n'étiez peut-être pas un champion en classe. Peut-être que personne ne vous a encouragé. Il est possible que vous n'ayez jamais connu vos parents. Mais vous savez quoi ? Ce n'est pas grave. Vous êtes en vie et vous respirez. À chacun son point de départ, et votre parcours est unique. Appropriez-vous ce voyage.

Je me choisis à chaque étape. Je m'explique : je choisis chaque étape de mon parcours, par le biais de mes actions, par la volonté d'évoluer, par le choix d'une vie meilleure, par la volonté de me discipliner. Je me choisis, car il n'est pas certain que quelqu'un d'autre le fasse. Il m'a fallu des décennies pour le comprendre, et je continuerai toujours à me choisir à l'avenir.

*
* *

Le miroir et les affirmations

Se tenir devant son miroir est en réalité un rituel puissant. Chaque matin, lorsque vous vous regardez dans le miroir, vous ne voyez pas seulement votre reflet, vous affirmez votre résilience, votre force et votre engagement inébranlable envers vos objectifs.

C'est le moment de déclarer, à vous et à l'Univers, que vous êtes prêt à affronter tout ce qui se présentera à vous.

Placez-vous devant le miroir et regardez-vous dans les yeux. Dites les affirmations suivantes à haute voix :

> Je suis un être humain magnifique.
>
> Je suis exactement là
> où je dois être en ce moment.
>
> J'ai une grande importance.
>
> J'ai un but dans ce monde.
>
> Je peux faire tout ce que je veux,
> car l'Univers est abondant.
>
> J'ai le pouvoir de changer ma situation
> au moment où j'en fais le choix.

Soyez calme et en paix, et ressentez le pouvoir de vos propres mots.

Faites du temps votre allié

Je vais vous confier une vérité fondamentale liée à mon parcours : le temps est votre meilleur ami. Ce n'est pas du tout un ennemi à craindre, mais plutôt un compagnon sur le chemin de la découverte et de l'accomplissement de soi. Le temps est la toile sur laquelle se déploie le chef-d'œuvre de votre vie, et à chaque instant, vous avez la possibilité de façonner et de redéfinir votre histoire.

Le temps bonifie le vin. Le temps transforme les bébés en adultes qui marchent et qui parlent. Le temps cultive des qualités telles que l'humilité, la patience, la confiance, la résilience et la compassion. Le temps offre de la perspective.

Dire que l'on est trop vieux ou trop jeune n'est qu'une excuse de plus.

Oubliez les normes sociales selon lesquelles vous êtes censé avoir tout compris, arrivé à un certain âge. Ça n'a absolument aucun sens ! Chaque année, vous gagnez en expérience et vous acquérez une meilleure compréhension de vous-même et de vos désirs. Grâce au temps, la réussite peut s'inscrire dans la durée.

Le temps possède un pouvoir niveleur, il nous offre cette possibilité de mise à niveau sur la durée pour pouvoir apprendre, nous adapter et prospérer.

J'ai monté ma première entreprise à l'âge de 34 ans. Avant cela, chaque jour qui passait, j'avais juste envie de claquer des doigts pour transformer mon rêve en réalité. Mais j'avais besoin de temps pour améliorer mes compétences et me découvrir davantage, avant de passer à l'étape suivante. Je ne pouvais pas précipiter le processus.

Mon histoire, avec tous ses rebondissements et toutes ses victoires, témoigne de pouvoir de la patience et de la croissance personnelle. La vie est un voyage, pas une course de vitesse. L'idée est d'évoluer et de devenir la version la plus accomplie et la plus authentique de soi-même.

Si vous respirez encore, il vous reste encore du temps pour changer votre vie. Le chemin parcouru n'a pas d'importance, seul compte le chemin à parcourir. Chacun de vos souffles est une opportunité de transformation, de croissance, de nouveau départ. Ne laissez pas le calendrier dicter vos rêves. Adoptez la croyance que, quel que soit votre âge, le meilleur de vous-même est à venir.

Il m'a fallu 10 ans entre le moment où j'ai rêvé de l'Amérique et celui où j'y suis allée pour la première fois.

Il m'a fallu 15 ans pour prospérer en tant que cheffe cuisinière, entrepreneure et restauratrice. Et je suis loin d'avoir atteint le niveau de réussite auquel j'aspire.

Soyez patient avec vous-même.

Sachez qu'il est toujours temps de changer.
Le pouvoir de changer est sans cesse à votre portée.
Embarquez-vous à fond dans cette aventure.

Vos objectifs

C'est Denzel Washington qui en parle le mieux :

> *Les rêves sans objectifs ne sont que des rêves,*
> *et ils finissent par nourrir la déception.*
> *Sur la voie de la réalisation de vos rêves,*
> *vous devez faire preuve de discipline,*
> *mais surtout de constance. Car sans discipline,*
> *vous ne commencerez jamais,*
> *mais sans constance, vous ne finirez jamais.*

Je kiffe ces paroles si inspirantes !

Combien de fois vous êtes-vous fixé un objectif sans jamais le réaliser ? On renonce facilement à un objectif quand il se révèle plus difficile à atteindre que prévu. Mais peut-être que cet objectif n'est pas trop difficile à atteindre, c'est juste qu'il nécessite un plan d'attaque spécifique.

Quand on a un grand rêve, il n'est pas toujours évident de le décomposer en plusieurs objectifs simples ou habitudes quotidiennes. Voici ce que je fais : je regarde mon rêve, ensuite je pars de ce rêve pour définir à rebours les différentes étapes qui me conduisent à ma situation actuelle, comme pour un rétroplanning. Je ne m'embarrasse pas du « comment », mais je sais qu'il y a des phases importantes à franchir pour réaliser mon rêve. Ensuite, je décompose ces étapes en objectifs plus faciles à gérer.

Mon grand rêve, c'était de partir aux États-Unis. En raisonnant à rebours, j'ai dû apprendre l'anglais, trouver un moyen d'immigrer (carte verte, visa de travail, etc.), acquérir des compétences pour obtenir un emploi, et économiser de l'argent pour le voyage et les frais de subsistance une fois sur place. Cela représentait beaucoup, mais je savais que chacune des étapes m'emmènerait vers mon objectif.

Scindez vos grands objectifs en tâches plus petites et plus faciles à gérer, et évaluez régulièrement vos progrès, pour pouvoir procéder ensuite aux ajustements nécessaires.

Lorsque l'on n'atteint pas ses objectifs, on peut toujours se trouver des excuses ou rejeter l'objectif comme n'étant pas le bon. Mais c'est un mauvais service que nous nous rendons à nous-mêmes. Les objectifs nous aident à atteindre notre potentiel.

J'utilise la méthode des objectifs SMART pour me fixer des objectifs et les atteindre. Elle a été développée pour la première fois en 1981 par George Doran.

Voici les 5 critères de la méthode SMART pour définir vos objectifs :

Spécifique : établissez des objectifs précis et ciblés, pour une planification efficace.

Mesurable : définissez les éléments qui pourront mesurer et démontrer votre progression, et réévaluez-les si nécessaire.

Atteignable : veillez à ce que votre objectif soit réalisable dans une période donnée.

Réaliste : vos objectifs doivent correspondre à vos valeurs et à vos objectifs à long terme.

Temporel : fixez une date butoir réaliste et ambitieuse pour stimuler votre motivation et hiérarchiser vos tâches.

Je vais vous montrer comment j'applique cette méthode dans ma vie. Voici deux exemples d'un objectif que j'ai établi et atteint dans le passé et d'un objectif que je me suis fixé pour l'avenir.

Objectif passé

Parler l'anglais couramment était l'un de mes principaux objectifs. Je voulais pouvoir communiquer clairement pour trouver un bon travail, avoir accès à des opportunités, développer une compréhension culturelle et m'intégrer à la communauté au sein de laquelle je vivais. Et pour pouvoir comprendre Oprah et un jour lui parler !

- *Spécifique :* développer ma maîtrise de l'anglais jusqu'au niveau conversationnel.

- *Mesurable :* suivre mes progrès par le biais d'évaluations hebdomadaires sur du vocabulaire de base, des phrases simples et de la compréhension de textes et de documents audio, de niveau débutant à intermédiaire.

- *Atteignable :* consacrer au moins deux heures par jour à l'étude de la structure de la langue. Utiliser des ressources d'apprentissage de l'anglais pour débutants, telles que des applications d'apprentissage des langues, des manuels et des cours. Pratiquer l'anglais à l'oral et à l'écoute avec des amis et mon employeur.

- *Réaliste :* acquérir des compétences linguistiques en anglais facilitera ma communication et ma compréhension dans toutes sortes de situations de la vie quotidienne, telles que les voyages, le travail, l'accès à diverses ressources et informations en langue anglaise, et bien sûr le visionnage de l'émission *The Oprah Winfrey Show.*

- *Temporel :* objectif à atteindre dans les 12 prochains mois, avec des évaluations hebdomadaires pour suivre ma progression et adapter les stratégies d'apprentissage si nécessaire.

Objectif futur

J'ai toujours voulu devenir une meilleure oratrice. Je parle le français, l'anglais, ainsi que l'espagnol du domaine culinaire, mais je n'ai pas toujours confiance en moi lorsque je m'adresse à de nouvelles personnes ou à des groupes. Voici les objectifs que j'ai fixés pour m'aider à améliorer mes compétences orales :

- *Spécifique :* je compte améliorer mes compétences en matière de prise de parole en public en me concentrant sur la clarté de mes propos, ma prononciation, ma confiance en moi et ma connexion avec l'auditoire.

- *Mesurable* : je vise à réduire de 50 % le nombre de mots de remplissage (par exemple, « um », « uh » en anglais, et « hum », « euh », « bref » en français) dans mes discours. Je travaille aussi la conscience de soi, en m'auto-observant et en évaluant mon degré de confiance et de nervosité, au début puis à la fin de la période que je me suis fixée.

- *Atteignable :* j'atteindrai cet objectif en m'exerçant quotidiennement, en sollicitant les retours et avis de pairs ou de conseillers de confiance, en m'enregistrant et en me réécoutant pour vérifier le rendu.

- *Réaliste :* améliorer mes compétences en art oratoire me permettra de transmettre plus efficacement mes idées, d'établir des liens avec le public et de progresser dans mes objectifs professionnels.

- *Temporel :* je suivrai mes progrès chaque semaine et j'essaierai d'atteindre mon objectif de réduction des mots de remplissage d'ici la fin de la période à venir de six mois. Ainsi, je pourrai mesurer ma progression et continuer à affiner mes compétences au fil du temps.

Vous allez vous transformer en une véritable machine à fixer des objectifs et à les atteindre !

Assumer ses responsabilités et agir en conséquence

Le bonheur dépend de nous-mêmes.
ARISTOTE

Assumez la responsabilité de vos actions, de vos décisions et de leur impact. Assumer la responsabilité de vos choix et agir en conséquence vous donne les moyens d'apprendre de vos erreurs, de vous améliorer et d'assurer votre crédibilité. Évitez de rejeter la faute sur des facteurs extérieurs et concentrez-vous plutôt sur ce que vous pouvez contrôler.

Moi, je peux me contrôler.

Quand on vise la réussite, reconnaissons d'abord ce qui est sous notre contrôle. Ensuite, retroussons nos manches et engageons-nous non seulement à accomplir le travail, mais aussi à aller bien au-delà.

Accomplissez le travail

Vous êtes le héros de votre propre voyage. En tant que protagoniste de votre histoire, vous êtes responsable de vos actions, de vos réactions et de l'orientation de votre vie. Les choses sérieuses commencent dès maintenant.

Travailler dur ne se résume pas à un effort physique. C'est un engagement sans faille à se surpasser, à apprendre sans cesse, et à être plus performant chaque jour. CHAQUE JOUR.

La réussite n'est pas un cadeau qui tombe du ciel. Elle se mérite à force de travail et d'efforts redoublés qui vous propulsent au-delà de la concurrence. Qu'il s'agisse de perfectionner mes talents culinaires, d'innover en matière de stratégie commerciale ou d'affronter des obstacles imprévus, je me surpasse coûte que coûte. La réussite n'est pas distribuée au hasard, seuls s'en emparent ceux d'entre nous qui refusent les compromis.

J'aimerais pouvoir dire qu'il suffit de travailler plus dur. J'ai connu des échecs qui auraient pu me ruiner, mais j'ai aussi eu la chance de m'en sortir. L'effort ne garantit pas le succès, mais je vous promets une chose : travailler plus dur crée des possibilités. Il existe bien un lien indéfectible entre le travail et la réussite. La transformation naît d'une action ciblée, accomplie au fil du temps. Vous ne pouvez pas vous contenter d'espérer que votre rêve se concrétise, vous devez y mettre du vôtre et fournir le travail nécessaire.

Êtes-vous prêt à vous surpasser pour poursuivre vos rêves ? Viser l'excellence, c'est choisir délibérément de donner le meilleur de soi-même à chaque instant. L'excellence n'est pas une destination, mais un parcours continu de croissance et de perfectionnement. C'est aborder chaque tâche avec le plus grand soin, la plus grande passion et le plus grand engagement.

On associe parfois l'engagement à de grandes actions visibles. Mais le véritable engagement consiste en petits gestes que vous accomplissez chaque jour. Vos actions sont-elles en harmonie avec vos aspirations ? L'engagement ne consiste pas seulement à dire « oui », mais à vivre ce « oui » chaque jour.

Et souvent, au cours de ces jours, vous vous demanderez pourquoi vous vous infligez cette souffrance. Les nuits blanches, les doutes, l'épuisement mental sont les compagnons du chemin le moins fréquenté vers l'excellence. L'épuisement ? Comptez sur lui. Le rejet ? Il va falloir s'y habituer. Les gens douteront de vous parce que vous manquez d'expérience ou de connaissances, ou simplement parce que vous n'êtes pas la personne qu'ils attendaient. C'est un rite de passage, un voyage réservé aux audacieux. Pour atteindre la grandeur, les sacrifices seront encore plus nombreux que vous ne l'auriez jamais imaginé. Vous ne pouvez pas suivre le chemin de Monsieur et Madame Tout-le-Monde, vous devez en accomplir davantage. Vous devez fournir des efforts à chaque instant.

Pour arriver là où je suis aujourd'hui, j'en ai fait toujours plus chaque jour.

Lorsque j'ai déménagé à Aspen, j'avais un objectif: ouvrir mon propre restaurant. Pour cela, il fallait s'investir à 100 %. Laissez-moi vous mettre un peu dans l'ambiance de l'époque où j'ai démarré. Je gérais un restaurant et je travaillais également comme chef privé – deux emplois à temps plein. Pendant cette période, je faisais également le ménage dans des bureaux, ainsi que du baby-sitting. Je n'ai pas eu un seul jour de congé pendant des années. J'ai fait tout ce qu'il fallait pour réunir l'argent nécessaire afin de réaliser mon objectif. Le travail acharné est la voie de la réussite. En travaillant dur, on apprend l'humilité, on acquiert la confiance en soi nécessaire pour ne pas se soucier de ce que pensent les autres, et on comprend vraiment que c'est à nous de nous échiner à faire le travail.

Ce ne sera pas facile, et vous risquez de froisser certaines personnes en cours de route. Des amitiés vont peut-être se faner à mesure que vous vous plongerez dans le travail. Vous sacrifierez du temps en famille. Y aura-t-il des situations inconfortables ? Oui, et soyez prêt à les affronter, car la réalisation de votre rêve s'accompagne de beaucoup d'inconfort et de sacrifices.

Je travaille tous les jours fériés. Je ne prends pas de vacances en été, comme la plupart des gens. Pourquoi ? Parce qu'il m'a fallu faire tant de sacrifices pour être ici, en ce moment même. Et je peux vous dire que la vue d'en haut vaut tous les sacrifices, tous les défis, toutes les larmes. Et je ne vous parle pas seulement de réussite ici, je vous parle de vivre une vie transformée par la poursuite incessante d'un rêve.

Si vous êtes au cœur de l'action en ce moment, si vous faites des sacrifices et travaillez sans relâche, rappelez-vous que vous êtes précisément là où vous devez être dans ce chemin vers la grandeur. Soyez-en fier, assumez-le et continuez à aller de l'avant. Le meilleur est à venir !

Le partenaire de responsabilisation

Là, vous vous demandez sûrement : « Mais qu'est-ce que c'est ? » Un partenaire de responsabilisation est une personne qui joue un rôle essentiel de soutien et d'amélioration dans votre parcours de développement personnel et professionnel. Ce partenariat implique un engagement mutuel, des encouragements, et des objectifs partagés, et contribue ainsi de façon productive et positive à votre développement.

Je n'avais jamais entendu parler de ce concept au début de mon parcours. Mais une fois que j'en ai saisi le sens, j'ai réalisé que je n'avais pas vraiment de partenaires de responsabilisation en tant que tels. C'est uniquement à moi-même que je devais rendre des comptes, ce qui exigeait une grande discipline. Aujourd'hui, mes partenaires de responsabilisation sont partout : il y a mon mari, mon responsable du personnel, mon conseiller d'affaires. Je fais confiance à ces personnes pour remplir ce rôle et m'offrir un retour d'information sincère et transparent.

Un partenaire de responsabilisation peut influer sur votre parcours de développement de multiples façons.

- *Des objectifs et une vision en commun*: avoir un partenaire de responsabilisation vous offre la possibilité d'établir des objectifs communs et une vision partagée de votre croissance personnelle. Cet alignement garantit que les deux personnes travaillent ensemble vers des résultats communs, ce qui favorise un sentiment d'unité et de finalité.

- *De la motivation et du soutien:* le chemin de la croissance personnelle peut être semé d'embûches et de moments de doute. Un partenaire de responsabilisation représente une source de motivation et d'encouragement, qui offre son soutien dans les moments difficiles et célèbre les succès avec vous. Ce renforcement positif aide à maintenir votre concentration sur vos objectifs et à rester sur votre dynamique.

- *Une responsabilité accrue:* savoir que l'on doit rendre des comptes à une autre personne renforce considérablement le sens des responsabilités. Cette responsabilisation accrue favorise alors la discipline et l'engagement à aller jusqu'au bout des tâches et des objectifs établis. La peur de décevoir votre partenaire peut être une puissante motivation pour rester sur la bonne voie.

- *Des points de suivi réguliers:* des points de suivi réguliers avec un partenaire de responsabilisation permettent d'établir une routine structurée pour évaluer votre progression. Ces discussions sont l'occasion pour les deux personnes d'évaluer leurs réalisations, leurs échecs et l'efficacité de leurs stratégies. Le retour d'information reçu au cours de ces sessions permet de procéder à des ajustements, et garantit ainsi une amélioration constante.

- *Un point de vue objectif:* un partenaire de responsabilisation offre un point de vue extérieur sur toutes vos initiatives et efforts personnels. Ce regard neuf peut vous apporter des informations précieuses, identifier des failles dont vous n'aviez pas forcément conscience et remettre en question certaines de vos idées. Vous bénéficierez d'une approche plus globale et plus équilibrée de votre développement.

- *Une résolution des problèmes et une collaboration utile:* les défis et les obstacles sont inévitables sur votre chemin de développement. Avec un partenaire de responsabilisation, vous bénéficiez d'un collaborateur qui réfléchit à des solutions, partage ses idées et fournit un retour d'information constructif. La synergie créée par la collaboration permet souvent une résolution des problèmes plus innovante et plus efficace.

- *Un soutien psychologique :* les parcours de développement peuvent être émotionnellement éprouvants, et il est indispensable d'avoir quelqu'un avec qui partager les hauts et les bas. Un partenaire de responsabilisation est un confident qui sait faire preuve d'empathie et de compréhension. C'est une présence et un soutien qui vous accompagne pour naviguer dans les aspects émotionnels de votre croissance.

- *Un apprentissage permanent :* l'échange de connaissances et d'expériences entre les partenaires de responsabilisation contribue à l'apprentissage permanent. Le partage des idées, des ressources et enseignements tirés améliore la compréhension et l'application des principes de développement personnel et professionnel.

Un partenaire de responsabilisation agit comme un catalyseur de croissance, en offrant une relation qui favorise la motivation, la responsabilité, la collaboration et le soutien psychologique. Ce partenariat transforme votre parcours de développement personnel et professionnel en une expérience partagée et enrichissante, avec une plus grande probabilité de succès durable.

Que faire si vous ne trouvez pas de partenaire de responsabilisation ?

Si vous ne parvenez pas à trouver une personne qui puisse être votre partenaire de responsabilisation, il existe d'autres stratégies et ressources que vous pouvez explorer pour soutenir votre parcours de développement.

- *Groupes en ligne :* rejoindre des communautés ou des forums en ligne axés sur le développement personnel peut être un excellent moyen d'entrer en contact avec des personnes partageant les mêmes idées que vous. De nombreuses plateformes, telles que les groupes de réseaux sociaux ou les forums spécialisés, accueillent des discussions, partagent des ressources et offrent des possibilités de partenariats virtuels de responsabilisation.

- *Programmes de mentorat :* renseignez-vous sur des programmes de mentorat dans votre domaine d'intérêt. Les mentors peuvent vous conseiller, partager leur expérience et vous fournir des informations précieuses pour vous aider à relever les défis et à prendre des décisions éclairées. Un mentor n'agit pas de la même façon qu'un partenaire de responsabilisation, il peut néanmoins jouer un rôle essentiel dans votre développement.

- *Cours et ateliers en ligne :* participez à des cours en ligne, à des ateliers ou à des groupes de réflexion en lien avec vos objectifs de développement personnel et professionnel. Ces environnements favorisent souvent un sentiment de communauté et de collaboration, vous permettant ainsi de nouer le dialogue avec des pairs qui partagent les mêmes aspirations.

- *Journal de responsabilisation :* tenez un journal personnel dans lequel vous consignerez vos objectifs, vos progrès et vos réflexions. Cela ne remplace pas l'accompagnement d'un partenaire, mais il s'agit d'un moyen structuré de vous responsabiliser et d'examiner régulièrement votre parcours.

- *Coachs ou consultants professionnels :* si possible, envisagez de faire appel à un coach ou un consultant professionnel spécialisé dans le développement personnel. Ces personnes peuvent proposer des conseils personnalisés, des stratégies de fixation d'objectifs et un soutien structuré pour vous aider à atteindre vos objectifs.

- *Engagements publics :* rendez vos objectifs publics par le biais des réseaux sociaux, de blogs ou d'autres plateformes. Le fait de partager vos aspirations avec un public plus large crée un niveau de responsabilisation externe, car d'autres personnes peuvent suivre vos progrès, vous soutenir ou vous encourager.

Avant de trouver la solution de responsabilisation qui vous convient le mieux, il vous faudra peut-être expérimenter un peu le concept. Il est indispensable d'explorer différentes options et de choisir la méthode ou la combinaison de méthodes qui correspond le mieux à vos préférences et à vos objectifs.

Prendre des décisions difficiles

On pourrait penser que quitter Trappes et sa banlieue, pour vivre cette vie à laquelle je me sentais destinée, serait une décision très facile à prendre. Les conditions de vie étaient très difficiles pour ma famille, et nous vivions tous les uns sur les autres. Mais j'étais très attachée à mes frères et sœurs. Il se passait toujours quelque chose à la maison, c'était très animé, on ne connaissait pas le calme. La maison était un tourbillon de discussions, de télévision, de rires, de cris et parfois de bagarres – on ne s'ennuyait jamais. J'avais le cœur lourd à l'idée de partir. J'étais effrayée et paralysée par la peur.

Pour rendre cette décision encore plus difficile, je n'avais pas de plan précis en tête pour la suite des événements, après mon départ de la maison et les au revoir à la famille. Je pensais simplement que je trouverais ma voie. Personne ne pensait qu'il fallait que je parte, et je savais que je me sentirais très seule. Je n'étais pas à l'aise en société, et mes frères et sœurs étaient mes seuls amis. Mais j'avais aussi conscience qu'il n'y avait pas d'autre moyen de poursuivre mon rêve.

Quelques années après avoir quitté Trappes, j'ai dû prendre une autre grande décision. Comment allais-je apprendre l'anglais ? Je connaissais ma façon de fonctionner et d'apprendre, alors j'ai décidé de suivre un programme d'immersion en anglais qui m'obligerait à déménager dans un pays anglophone. Et l'option la plus proche et la plus facile était l'Angleterre.

Comment pouvais-je me rendre dans un pays où je ne connaissais personne, où je ne parlais pas la langue et où la nourriture était épouvantable ? L'Angleterre était « l'ennemi ». Il existait une rivalité de longue date entre les deux pays, marquée par des guerres, des conquêtes et des compétitions sportives. Pour couronner le tout, je devais travailler comme fille au pair et, après m'être occupée de tous mes frères et sœurs, je n'avais pas envie de gérer d'autres enfants. Mais, j'en avais bien conscience, il fallait que j'apprenne l'anglais pour aller en Amérique.

En 2016, j'ai ouvert ma première crêperie dans un nouvel hôtel situé dans un lotissement à Basalt (une petite ville en contrebas de la vallée où se trouve mon restaurant principal). J'étais convaincue que nous allions réussir. Je savais comment préparer de délicieuses crêpes et je savais aussi comment gérer un restaurant de façon rentable. À Basalt, l'ambiance est différente de celle d'Aspen – plus cool et plus détendue. Je me suis dit que c'était l'endroit idéal pour de la restauration pratique et rapide, de type « grab-and-go » (c'est-à-dire avec des produits cuisinés à l'avance et prêts à l'emploi, à choisir sur des étagères réfrigérées par exemple, puis à payer et à emporter rapidement).

En trois ans, ma crêperie a perdu 300 000 dollars. À mon avis, au cours de sa quatrième année, l'entreprise aurait atteint son seuil de rentabilité, et j'aurais peut-être pu poursuivre sur la voie de la réussite. J'ai évoqué la décision de fermer à mon comptable, à mon avocat, à mon mari et à d'autres chefs propriétaires de restaurants. J'ai noté les pour et les contre et toutes mes impressions dans mon journal. J'ai même prié à ce sujet. J'ai continué à examiner les comptes, en espérant que les marges s'amélioreraient. J'attendais un signe.

La fermeture d'un restaurant ou d'une petite entreprise est l'une des choses les plus difficiles à vivre pour un entrepreneur. Ces décisions entraînent généralement plusieurs mois ou années de tracas et de tourments avant que les lumières ne s'éteignent pour la dernière fois. Mais j'avais conscience que le décalage entre le produit que je proposais et le marché resterait un problème.

L'estomac noué et contre l'avis de beaucoup, j'ai fermé mon établissement de Basalt en 2019.

Comment ai-je pris ces décisions difficiles ? Parfois, j'aurais aimé que ce soit aussi simple que de tirer à pile ou face. Pile, vas-y ; face, reste. Pile, on continue ; face, on arrête. Mais la vie ne fonctionne pas comme ça.

Pour chaque décision que je prends, je me réfère à ma vision de la vie, je me sers d'elle comme de l'étoile Polaire. La décision correspond-elle à mes objectifs et à mes valeurs ? Je me demande : « Ai-je exploré toutes les possibilités ? Ai-je utilisé toutes les ressources disponibles pour prendre la bonne décision ? » Je pense à toutes les actions possibles et à leurs conséquences.

Les gens, en particulier les étrangers et les trolls sur Internet, aiment donner leurs avis et vous juger pour les décisions que vous prenez. Le véritable test de confiance en soi consiste à prendre une décision difficile et à tenir bon.

Votre aptitude à faire des choix difficiles reflète souvent votre confiance en votre jugement et en vos valeurs. Elle révèle également que vous avez la conviction d'être capable de relever les défis avec succès. Voici quelques conseils qui m'ont été d'une grande aide pour prendre des décisions difficiles.

- *Soyez clair sur vos valeurs :* ayez une idée claire de vos valeurs et principes fondamentaux. Lorsque vous êtes confronté à une décision difficile, alignez vos choix sur ce qui a le plus d'importance pour vous. Ainsi, vous vous assurez que vos décisions sont en harmonie avec votre moi authentique.

- *Renseignez-vous :* recueillez des informations pertinentes sur la situation concernée. Plus vous êtes informé, mieux vous pouvez évaluer les résultats potentiels et les conséquences de chaque option. La connaissance vous donne les moyens de prendre des décisions en toute confiance.

- *Évaluez le pour et le contre :* décomposez la décision en dressant la liste des avantages et des inconvénients pour chaque option. Examinez les implications à court et à long terme. Cette approche analytique vous aide à évaluer objectivement les risques et les avantages potentiels.

- *Faites confiance à votre intuition :* soyez attentif à votre intuition. Souvent, votre instinct vous fournit des indications précieuses que l'analyse rationnelle ne permet pas toujours de déceler immédiatement. Se fier à soi-même et à son intuition est une manifestation de la confiance en soi.

- *Envisagez des objectifs à long terme :* réfléchissez à vos objectifs sur le long terme et à la manière dont chacune de vos décisions peut s'aligner sur eux. Cette perspective vous guidera pour prioriser les choix qui contribuent à votre croissance et à votre épanouissement.

- *Demandez conseil, mais prenez la décision finale :* consultez des amis, des mentors ou des conseillers de confiance pour obtenir différents points de vue. Certes, les avis extérieurs sont précieux, mais la décision vous appartient en dernier ressort. Assumer la responsabilité de ses choix renforce la confiance en soi.

- *Acceptez l'incertitude :* il est nécessaire que vous compreniez que toutes les décisions ne sont pas assorties de résultats garantis. Acceptez l'incertitude et soyez prêt à vous adapter. Avoir confiance en votre capacité à relever des défis imprévus renforcera votre confiance en vous.

- *Tirez les leçons des décisions passées :* réfléchissez aux décisions prises dans le passé et à leurs résultats. Qu'est-ce qui a bien fonctionné ? Qu'est-ce qui aurait pu être fait différemment ? L'apprentissage par l'expérience améliore vos compétences en matière de prise de décision et renforce votre confiance en votre jugement.

- *Agissez et engagez-vous :* une fois votre décision prise, engagez-vous à fond. Évitez de vous remettre en question. En prenant des mesures décisives, vous renforcez votre confiance en vous et démontrez votre résilience face à l'incertitude.

- *Soyez calme et tranquille :* si vous ne savez plus quoi faire, arrêtez tout, restez calme, rédigez vos ressentis dans un journal et méditez sur le sujet.

En écoutant Oprah Winfrey, je me suis familiarisée avec la notion de tranquillité d'esprit. Oprah insiste sur le fait qu'il n'y a pas d'erreurs, mais des chemins divins qui nous guident vers notre destin. Lorsque la vie nous fait dévier de notre trajectoire, rappelez-vous que votre voyage est plus important que n'importe quelle étape. Calmez-vous, écoutez votre voix intérieure et décidez de votre prochaine action. L'échec ne vous définit pas, il n'est qu'un coup de pouce vers votre véritable chemin.

Avec le recul, les décisions difficiles que j'ai dû prendre – quitter ma famille, déménager en Angleterre et fermer le restaurant de Basalt – m'ont apporté des bénédictions qui m'ont rapprochée un peu plus de mon rêve.

Et si votre décision n'est pas la bonne ?

Nous n'avons pas toujours raison et nous n'avons pas toujours tort.

Il n'y a pas de mal à se tromper, mais il faut en tirer des leçons. Chaque mauvaise décision, chaque erreur, chaque échec est une façon pour l'Univers de vous rediriger vers votre rêve.

Voici quelques initiatives à prendre si vous êtes dans une situation qui résulte d'une mauvaise décision :

- *Ne paniquez pas :* il est normal de se sentir déçu, frustré ou gêné lorsque l'on se rend compte qu'on a pris une mauvaise décision. Essayez toutefois de rester calme et de ne pas vous laisser submerger par vos émotions.

- *Admettez votre erreur :* reconnaissez que vous avez commis une erreur et assumez-en la responsabilité. Évitez de la nier ou de rejeter la responsabilité sur autrui, car cela pourrait vous empêcher de tirer les leçons de l'expérience.

- *Évaluez son impact :* déterminez les conséquences de votre décision et la manière dont elles vous affectent, vous et les autres personnes impliquées. Cela vous aidera à comprendre l'ampleur de l'erreur et ce qu'il faut mettre en place.

- *Tirez les leçons de cette expérience :* réfléchissez à ce qui vous a conduit à prendre la mauvaise décision. Réfléchissez aux éléments qui ont influencé votre choix, aux données que vous avez peut-être négligées et à ce que vous auriez pu faire différemment.

- *Adaptez-vous et ajustez-vous :* une fois que vous avez identifié où et comment les choses se sont mal déroulées, utilisez ces connaissances pour adapter votre approche et procéder aux ajustements nécessaires. Il peut s'agir de modifier votre stratégie, de rechercher des informations supplémentaires ou d'améliorer votre processus de prise de décision.

- *Prenez des mesures correctives :* si possible, prenez des mesures pour atténuer les conséquences négatives de votre erreur. Vous pouvez par exemple présenter des excuses aux personnes concernées, rectifier les éventuelles fautes commises, procéder à des dédommagements ou trouver d'autres solutions.

- *Sollicitez du soutien :* n'hésitez pas à demander des conseils ou du soutien auprès d'autres personnes, par exemple des amis, des membres de votre famille, des collègues ou des mentors. Leurs points de vue, encouragements et conseils peuvent s'avérer précieux pour vous aider à gérer les conséquences de votre décision.

- *Concentrez-vous sur l'avenir :* il est important d'apprendre de ses erreurs, mais le fait de trop s'y attarder peut entraver votre progression. Concentrez-vous plutôt sur ce que vous pouvez entreprendre pour aller de l'avant et éviter de commettre les mêmes erreurs à l'avenir.

- *Pratiquez l'autocompassion :* soyez indulgent avec vous-même et admettez que tout le monde commet des erreurs de temps à autre. Évitez d'être trop dur ou critique envers vous-même et servez-vous plutôt de cette expérience comme une opportunité de croissance et d'amélioration personnelle.

En suivant ces quelques conseils, vous pouvez transformer une mauvaise décision en une expérience d'apprentissage enrichissante et en tirer des enseignements positifs.

N'oubliez pas : prendre des décisions difficiles est une compétence qui se développe et s'affine avec le temps. Ayez confiance en vous, faites preuve de résilience et reconnaissez que chaque décision est un pas en avant sur le chemin de votre développement personnel et professionnel.

> Le rejet, c'est l'Univers qui vous redirige dans la bonne direction.

Investissez-vous dans le travail

Vous allez travailler dur. Vous allez apprendre tout en travaillant. Mais sur quoi allez-vous travailler ? On peut facilement se perdre dans les détails et les distractions. Quand vos objectifs semblent lointains, il n'est pas évident de se projeter dans les prochaines étapes.

Pour orienter vos efforts, ayez recours aux objectifs SMART, faites appel à vos partenaires de responsabilisation, choisissez vos moyens d'action et fiez-vous à vos grandes aspirations, ce sont vos guides. Ensuite, passez à l'action. L'action crée une dynamique, et la seule façon de commencer c'est de se mettre en mouvement maintenant.

S'engager envers soi-même, c'est être responsable de son avenir. Mettez en place des actions délibérées et évaluez régulièrement votre engagement à réaliser votre rêve.

> Votre rêve vous oriente dans la bonne direction. La discipline, le travail acharné et la persévérance vous amènent à destination.
> Mawa McQueen

Résilience et capacité d'adaptation

La résilience n'est pas quelque chose à vendre. Elle ne s'achète pas. On ne peut pas faire semblant d'être résilient. Ce serait se tromper soi-même. On devient résilient par le biais d'un processus auquel on ne peut échapper. On échoue, on tombe, on est mis à terre, on touche le fond. Mais on choisit de se relever. Parfois, on doit s'efforcer d'aller puiser dans toutes ses forces intérieures pour pouvoir se relever. Chaque fois qu'on échoue, on se relève. Encore et encore.

Lorsque vous traversez une période difficile, imaginez que vous êtes un boxeur. Vous montez sur le ring, les poings serrés, le cœur battant. Vous savez ce qui vous attend. Vous allez prendre des coups. Vous allez être mis à terre, et peut-être même voir des étoiles pendant un moment. Ça y est, vous recevez un coup violent et vous êtes au sol, étourdi. L'arbitre commence à compter jusqu'à dix. 1… 2… 3… vous cherchez le soutien de votre entraîneur. Celui-ci vous regarde dans les yeux et vous crie que vous pouvez le faire. 4… 5… 6… la foule crie votre nom pour vous encourager à vous relever. 7… 8… vous rassemblez vos forces pour vous remettre debout, sous les acclamations. Vous souffrez, mais vous êtes prêt à vous battre à nouveau.

La résilience ne consiste pas à éviter les coups, mais à savoir comment s'en relever. Comme un boxeur, vous devez encaisser les coups, les absorber et aller de l'avant. Vous devez puiser au fond de vous-même, trouver le feu en vous et refuser de rester à terre. Car ce n'est pas en évitant les défis que l'on devient un champion, mais en les affrontant de face, en résistant à la douleur et en n'abandonnant jamais, absolument jamais.

La résilience, c'est posséder la force mentale de continuer à se battre, même lorsque les chances jouent contre vous. C'est considérer chaque revers comme une occasion de devenir plus fort, d'apprendre et de revenir encore plus fort. Lorsque la vie vous assène des coups, souvenez-vous d'une chose : vous êtes tout à fait de taille pour aller jusqu'au bout. Relevez le défi, puisez dans votre force intérieure et poursuivez le combat jusqu'à la cloche finale.

Vous êtes un champion !

*
* *

Sur la voie de la réussite, l'adaptabilité est la pierre angulaire d'un état d'esprit gagnant. Lorsque l'on est confronté à des défis ou à des échecs, il est essentiel de cultiver notre capacité à changer de cap et de savoir évoluer. Prenez le temps de réfléchir à la façon dont les choses ont pu dévier de leur trajectoire, en analysant les facteurs en jeu et les leçons à tirer.

Une fois que vous avez identifié vos points d'amélioration, n'hésitez pas à passer à l'action, à prendre des initiatives. Adaptez votre approche en y intégrant les enseignements tirés de vos réflexions, apportez les ajustements nécessaires à votre stratégie, à votre tactique ou même à votre état d'esprit. Il peut s'agir de rechercher des informations supplémentaires, de consulter des mentors ou des experts, ou de perfectionner vos compétences pour mieux gérer des situations similaires à l'avenir.

La capacité d'adaptation ne consiste pas seulement à réagir au changement, mais aussi à orienter de manière proactive son chemin vers la réussite. En faisant de l'adaptabilité un principe de base, vous vous dotez de la résilience et de la souplesse nécessaires pour prospérer et réussir en toutes circonstances.

*
* *

J'ai échoué à de multiples reprises, certaines fois plus lourdement que d'autres, mais le premier échec a été le plus rude. Ce n'était pas l'échec le plus difficile par son ampleur ; c'était le plus difficile parce que c'était le premier.

La Kitchen Hotline a détruit mon ancien moi, mais elle a fait renaître un « moi » plus courageux et plus puissant.

Mon rêve m'a conduite de l'Afrique à la France, puis de la France au Royaume-Uni, et enfin du Royaume-Uni à l'Amérique. Des années à apprendre toutes les ficelles du monde de la cuisine, à me démener pour monter une entreprise de restauration. Et puis, après tout cela, j'ai eu « la grande idée » : créer l'entreprise qui me mènerait au sommet. J'ai investi toutes mes économies dans un réseau en ligne de chefs et de pâtissiers capables de répondre à toutes les questions des cuisiniers amateurs, et j'ai nommé ce réseau : The Kitchen Hotline.

En vivant à Aspen, j'ai appris à mes dépens que l'altitude influençait les préparations au four et la cuisine en général. Quand les gens apprenaient que j'étais chef, ils me posaient une foule de questions sur les techniques de cuisson, les saveurs et les substitutions possibles en cas d'allergènes ou d'ingrédients inhabituels. Parmi les principales plaintes, j'entendais : « Je ne comprends pas les ingrédients de la recette, les instructions, les appareils et ustensiles à utiliser, etc. »

Chaque Américaine et Américain aurait un chef professionnel à portée de main. Une idée de génie, n'est-ce pas ?

J'ai commencé à travailler sur la Kitchen Hotline en 2009 avec mon indispensable assistante, devenue vice-présidente des opérations, Jessica Bunker. Nous étions toutes les deux novices dans le monde des start-up technologiques, et nous avions tout à apprendre. Nous avons travaillé avec des chefs pour savoir comment adapter ce service à leur emploi du temps et à leurs attentes. Nous avons échangé avec des clients pour connaître leurs problématiques lorsqu'ils cuisinent ou reçoivent. Nous nous sommes entourées d'experts et de consultants en technologie.

Notre application a été créée et lancée en 2011. Elle n'existait déjà plus en 2012. Nous ne pouvions pas atteindre notre marché cible naturellement, ni obtenir suffisamment d'abonnés payants, et nous n'avions plus d'argent. Je ne savais pas comment trouver des fonds supplémentaires. Je n'avais plus les moyens d'employer ma formidable Jessica et elle a fini par déménager avec sa famille. J'étais complètement anéantie.

Pour moi, cela a été un échec cuisant. Disons que j'étais en avance sur mon temps et que je n'avais pas d'adéquation produit-marché. Je me suis énormément investie dans la création de cette start-up et j'ai pris beaucoup de plaisir à mettre au point un service qui pouvait aider les autres. Ça y est, j'étais accro – et je n'avais qu'une envie, recommencer. J'étais désormais entrepreneure !

Mais malheureusement, la fin de la Kitchen Hotline n'a été que le début de la pagaille qui s'annonçait dans ma vie. J'avais laissé mon associée gérer notre activité de traiteur pendant que je travaillais sur la Hotline. Honteuse après l'échec de ma start-up, je suis retournée dans cette entreprise que j'avais créée, et c'est à ce moment-là que ma partenaire a décidé de me laisser en plan. Elle m'a quittée avec des mots très durs, en exprimant tout haut les pires doutes que j'éprouvais déjà sur moi-même. « Tu n'arriveras jamais à rien, tu exploites ton entourage, j'aurais dû écouter tous ceux qui m'avaient mise en garde contre toi ». Et ainsi de suite. Vous voyez le tableau. Et comme si cela ne suffisait pas, j'ai découvert que le loyer n'avait pas été payé depuis 5 mois et que l'entreprise avait accumulé une montagne de dettes. Je me suis sentie trahie par une personne en qui j'avais confiance et que je considérais même comme une sœur.

J'étais submergée par la peine. J'avais perdu ma meilleure amie. Je subissais un énorme stress financier, car j'avais perdu 1 million de dollars dans The Kitchen Hotline et j'étais en pleine gestion de factures pour contrôler les dettes de mon entreprise de traiteur. J'étais déprimée, au bord du suicide, et je faisais de mon mieux pour faire face au quotidien. En plus, je venais de me marier, mais mes ennuis financiers rendaient impossible la moindre lune de miel.

Tout me paraissait trop lourd. Beaucoup trop lourd. Mes problèmes recouvraient tout mon champ de vision.

Les leçons tirées de ces expériences[7]

J'aurais pu m'arrêter là, retourner à mon ancienne vie et abandonner tous mes rêves.

Je n'avais aucune idée de la suite des événements. Je venais de me marier, et je ne voulais pas décevoir mon époux. J'étais fatiguée et très affectée émotionnellement. Alors, je me suis posée, et j'ai réfléchi.

Comment avais-je pu échouer de façon aussi spectaculaire ? Cet échec allait-il éclipser tout le travail que j'avais accompli auparavant et tous les succès célébrés ? Non ! Ma souffrance m'a renforcée. Vous pensez que c'est la fin pour moi ? Je vais vous montrer qui je suis ! Soudain, j'ai eu des ailes pour m'élever très haut.

Je me suis levée pour de bon, et je me suis tenue droite devant le miroir. Le visage ruisselant de larmes, j'ai rassemblé le courage de ressentir cette douleur. Je me suis regardée droit dans les yeux et j'ai dit :

« Je ne sombrerai pas de cette façon.
Je garderai toujours la tête haute.
S'il le faut, je mourrai à force d'essayer.
J'ai connu bien pire. Sans un sou, sans un toit, rejetée…
La seule chose qui se trouve entre moi et mon rêve,
c'est la mort.
Quelque chose de mieux m'attend, je le sais. »

7. Avec le recul, je ne sais pas comment je m'en suis sortie. Mais je l'ai fait. Je suis là !

J'ai répété ces paroles encore et encore, jusqu'à ce que mes pleurs cessent.

Cela a-t-il effacé mes échecs ? Non. Mais cela m'a ouvert les yeux sur le fait qu'il ne s'agissait que de problèmes. Et tous les problèmes ont des solutions. Les problèmes peuvent être résolus. Je n'étais pas morte. Je n'allais pas en prison. Mais je n'étais pas non plus tirée d'affaire. Je devais régler ce problème. Je devais me remettre debout.

En face du miroir, en me regardant droit dans les yeux, ma perspective a changé. J'ai surmonté ma crainte de l'échec et ma peur encore plus profonde du jugement des autres à propos de mon échec. J'ai lâché prise avec tout cela et j'ai entrepris de retrouver mon « pourquoi » et ma raison d'être.

Je m'étais perdue dans mes échecs, parce que je n'avais pas le courage de regarder ce qui se passait à l'intérieur de moi-même – de me voir pleinement, avec cette raison d'être qui est la mienne. Nous sommes tous effrayés d'affronter les versions brutes et sans filtres de nous-mêmes. C'est un acte courageux que de se regarder en face avec toutes ses imperfections, ses cicatrices et ses rêves inachevés. Mais c'est dans cette reconnaissance que se trouve le chemin de la transformation.

Je sais que ce n'est pas facile. Il faut être fort pour faire face à son propre reflet, pour se poser les questions difficiles et pour reconnaître les parties de soi que l'on a occultées. Mais laissez-moi vous confier cette puissante vérité : un meilleur « vous » vous attend, je le sais. Je le sais, parce que j'ai vu mon meilleur « moi ».

Une nouvelle version de vous-même vous attend, elle ne demande qu'à être vécue pleinement. Elle est résiliente, authentique, et résolument fidèle à ce que vous êtes. Le voyage d'introspection, les conversations difficiles et les moments face au miroir sont des tremplins vers une meilleure version de vous-même.

Même si la Kitchen Hotline n'existait plus, la banque réclamait toujours son argent. Elle m'appelait tous les jours. Je ne pouvais pas me cacher, je le savais bien, alors j'ai pris mon courage à deux mains, j'ai décroché mon téléphone et je leur ai raconté ce qui s'était passé. Évidemment, ils n'étaient pas contents, mais je leur ai proposé un accord pour pouvoir les rembourser. Ils l'ont accepté, et à ce moment-là le poids et l'embarras de cette situation se sont dissipés.

Affrontez vos problèmes. Ne fuyez pas votre réalité.

Soyez courageux. Lancez-vous dans ces conversations difficiles.

Soyez bon avec vous-même. Regardez-vous dans le miroir avec amour et acceptation.

Vous trouverez la force et le courage de devenir la personne que vous êtes destinée à être. Et croyez-moi, cette personne que vous voyez là est extraordinaire.

Ma réussite est née d'un sol bien nourri par l'échec. Personne n'aime échouer, mais on ne peut pas devenir plus fort sans les expériences riches en nutriments que sont les revers et les défis. Alors, faites face, acceptez le désordre et la confusion, gardez la tête haute, admettez que l'échec fait partie du voyage et continuez à grandir.

Une pierre précieuse ne peut être polie sans friction, ni un homme perfectionné sans épreuves.
SÉNÈQUE

Transformer les défis en opportunités

Parfois, les défis offrent de nouvelles possibilités.

Prenons l'exemple de la période du Covid. En tant que restauratrice, j'ai vécu comme un coup de massue les restrictions imposées à mon entreprise. Remplis de peur et d'incertitude, les concurrents autour de moi fermaient leurs portes les uns après les autres. Comment pouvais-je garder mon restaurant, ma cuisine et mes principaux employés ?

Il était temps de prendre des initiatives audacieuses. Même en ces temps de crise, je sentais que j'avais encore des ressources. Mais comment les exploiter pour répondre à un besoin du marché ?

C'était une période éprouvante et effrayante. Beaucoup de gens étaient confinés chez eux, prenant tous leurs repas à la maison. Il m'est venu à l'idée qu'ils auraient probablement envie d'une nourriture réconfortante – quelque chose qui leur procure un sentiment de bien-être et de bonne santé. Et pourquoi pas quelque chose pour démarrer la journée. Avec un personnel réduit et des restrictions liées à la pandémie, il était hors de question de proposer une cuisine compliquée. Que pouvais-je mettre au point ?

J'ai créé alors Mawa's GrainFreeNola, une gamme de délicieux granolas sans gluten. Ces granolas répondaient à tous les critères : réconfortants, ils se conservaient facilement dans les placards et leur composition était saine et savoureuse.

La pandémie m'a mise face à un défi – soit je coulais, soit je nageais. J'ai commencé par pagayer. Alors que d'autres restaurants fermaient leurs portes, je me suis lancée dans la production, j'ai mis au point la recette parfaite, j'ai créé une stratégie de marque, j'ai travaillé la partie marketing et j'ai finalement lancé mon granola sur le marché. J'ai fait preuve d'audace et mon entreprise n'a pas seulement survécu, elle a prospéré.

Je préfère prendre des risques et échouer, plutôt que de regretter de ne pas avoir essayé. Il y aura des échecs, mais si vous portez votre regard au-delà des problèmes et envisagez des solutions possibles, si vous vous renseignez bien et si vous faites preuve d'audace, vous pouvez, vous aussi, accéder à la réussite.

Face à des défis inattendus, comme la pandémie, ma stratégie repose sur une règle simple, mais puissante : contrôlons ce que l'on peut contrôler. Lorsque les événements prennent une tournure incertaine, il y a généralement des facteurs sur lesquels nous n'avons aucune prise. Mais si nous canalisons notre énergie sur des éléments que nous pouvons gérer – comme la manière dont nous réagissons, communiquons avec les autres et gérons nos émotions – nous pouvons maintenir une certaine stabilité. Même lorsque les situations extérieures sont hors de notre contrôle, nous maîtrisons notre réaction, notre état d'esprit et notre capacité d'adaptation. En me concentrant sur ce que je peux changer, j'ai réussi à relever les défis avec détermination et contrôle. Consacrez vos efforts à ce que vous pouvez changer, plutôt que de vous inquiéter sur ce que vous n'avez pas le pouvoir de changer.

Je peux vous citer un autre exemple où nous avons enfreint la règle numéro 1 en affaires, en la transformant en opportunité dans la foulée. Et quelle est la règle numéro 1 en affaires ? L'emplacement, l'emplacement, et... l'emplacement ! Eh bien, Mawa's Kitchen ne coche pas cette case. Je ne suis pas située dans le joli centre-ville d'Aspen. Personne ne s'en éloigne pour venir dîner chez nous. Mon restaurant se trouve à l'arrière d'un centre d'affaires, en face de l'aéroport. Parfois, les gens ont même du mal à nous trouver. Pourquoi le centre d'affaires de l'aéroport d'Aspen ? Parce que le centre-ville d'Aspen était beaucoup trop cher lorsque je me suis lancée. J'ai opté pour un local dans mon budget. Était-ce voué au désastre ? Possible. Il fallait juste que je réfléchisse à des moyens de tirer le meilleur parti de cet emplacement.

Pour commencer, je disposais de plus d'espace que je ne pouvais me le permettre au centre-ville, et grâce à cela, j'ai pu développer mon activité de traiteur parallèlement à celle du restaurant. Le restaurant a gagné en popularité en même temps que le service de traiteur, et nous avions la capacité de gérer les deux.

Nous avons réalisé d'importants travaux de rénovation, agrandi le restaurant et ajouté un bar complet.

Ensuite, ce « problème » d'emplacement s'est carrément transformé en atout de taille. Nous sommes juste à côté de l'aéroport. Tous les autres restaurants se trouvent au centre-ville. De ce fait, nous avions une longueur d'avance pour les prestations de traiteur au service des jets privés et de leur clientèle. Mauvaise météo ? Vous êtes pressé ? Peu importe. Mawa's Kitchen se charge de tout. L'aéroport d'Aspen est également connu pour ses annulations de vols et il ne propose qu'un seul lieu de restauration. Les passagers mécontents peuvent traverser la rue pour profiter de l'accueil chaleureux et hospitalier de Mawa's Kitchen. Et nous voilà désormais avec une troisième source de revenus, qui attire des clients supplémentaires dans notre restaurant.

Transformer les défis en opportunités, ce n'est pas seulement surmonter les difficultés, c'est s'épanouir et prospérer. C'est voir et emprunter les chemins inexplorés qui mènent au succès. Alors, relevez les défis, considérez-les comme des opportunités et observez bien votre parcours se bouleverser sous vos yeux.

*
* *

Que se passe-t-il lorsque la vie vous met à terre ? Déjà, dites-vous que c'est inévitable. Les catastrophes sont inévitables. La clé réside dans l'action. Alors, voici mon plan d'action face aux challenges :

- Respirez.
- Raisonnez simplement.
- Ne suranalysez pas chaque étape.
- Gardez à l'esprit votre vision, votre raison d'être, les raisons pour lesquelles vous entreprenez les choses. C'est ce qui guidera vos actions et vous motivera dans les moments difficiles.
- Lorsque la tempête frappe, ne vous repliez pas sur vous-même. Tenez bon et agissez.
- Recadrez votre état d'esprit. L'adversité n'annonce pas la fin, c'est un appel à l'action. Vous avez le pouvoir d'adapter votre réaction.
- Décomposez vos défis en étapes réalisables plutôt qu'en une seule montagne à gravir. Faites ce premier pas, puis un autre, jusqu'à ce que vous atteigniez le sommet.
- Établissez des priorités. Identifiez les actions qui auront le plus d'impact pour progresser de façon significative.
- C'est parti, foncez !

N'oubliez pas qu'une série de petites actions engendre une dynamique. Lorsque vous êtes au cœur de la tempête, n'attendez pas que l'orage passe – dansez sous la pluie ! Faites preuve d'audace dans vos initiatives et mettez tout en œuvre pour continuer à aller de l'avant.

Visez l'excellence

Le travail acharné vous met sur la bonne voie. La discipline et la confiance en soi vous aident à gérer les obstacles et les aléas de la vie. L'excellence vous donne une direction. L'élément clé qui distingue l'extraordinaire de l'ordinaire, c'est la volonté profonde d'être le meilleur. La médiocrité n'est pas une option, et la poursuite de l'excellence est votre moteur.

Viser l'excellence, c'est choisir délibérément de donner le meilleur de soi-même à chaque instant. C'est aborder chaque tâche avec le plus grand soin, la plus grande passion et le plus grand engagement – un engagement à s'améliorer en permanence et à fournir des efforts constants.

Vous devez travailler plus dur, innover de façon plus intelligente et rechercher constamment des moyens d'aller plus haut et d'élever votre niveau. Il ne s'agit pas seulement d'être en concurrence avec les autres, mais aussi de surpasser son « moi » d'avant.

Ma « Bougie crêpe » (la « crêpe bourgeoise » proposée dans mon restaurant The Crepe Shack), garnie de saumon fumé du Maine, d'un œuf, de sauce crémée à l'aneth et de caviar Petrossian, est affectueusement connue sous le nom de « crêpe la plus chère du monde ».

Le succès a été immédiat. Mon produit s'intégrait parfaitement au marché haut de gamme d'Aspen. J'ai ajouté à mon menu cette nouvelle proposition, pour générer un engouement et attirer les clients. Plus important encore, la crêpe était délicieuse – une gourmandise totalement décadente. Elle m'a fait gagner en visibilité et en notoriété auprès de mes clients et d'autres personnes, futures amatrices de ma cuisine. J'ai dépassé leurs attentes et je me suis fait connaître pour ma créativité et mes ingrédients de la plus haute qualité.

Adoptez pleinement cet un état d'esprit où chaque effort devient une occasion de briller. Dans la poursuite de vos rêves, dans les relations que vous tissez ou simplement dans les défis que vous relevez, laissez l'excellence vous guider. Et il ne s'agit pas de perfection, mais de l'intention de mettre son cœur et son âme dans tout ce que l'on entreprend.

Faites de l'excellence votre norme, et la grandeur deviendra votre héritage.

*
* *

Vous vous lancez, et vous vous demandez comment incarner l'excellence au quotidien ?

- Soyez à l'heure. Faites en sorte de toujours arriver à l'heure et d'être prêt à vous mettre au travail. Cela peut sembler anodin, mais ce seul comportement m'a permis de me démarquer de beaucoup de mes pairs. Que je sois au service en salle ou en prestations privées, le fait d'arriver à l'heure ou en avance est une preuve de professionnalisme et de respect. Et n'hésitez pas à vous présenter un peu plus tôt aux entretiens. Bref, soyez prêt !

- Partez en quête de modèles. Trouvez des personnes qui présentent les traits de caractère que vous cherchez à développer chez vous. Pour ma part, c'est Tony Robbins, auteur et conférencier spécialiste de la motivation, qui m'a inspirée, j'ai d'ailleurs assisté à six de ses événements. Parmi ses phrases les plus percutantes, on peut citer : « Ceux qui réussissent laissent derrière eux des indices. Observez ceux qui ont réussi et prenez exemple sur eux. Adoptez les mêmes stratégies, modélisez leurs mécanismes et améliorez-les au besoin[8] ». Voyez dans cette démarche une autre façon d'accéder à des connaissances et des compétences.

8. Traduction libre.

- Acceptez les retours d'information avec élégance et ouverture d'esprit. Les commentaires négatifs peuvent être l'occasion de s'améliorer. Lorsque vous en recevrez – et vous en recevrez – restez calme, évaluez leur validité et gardez l'esprit ouvert. Ne réagissez pas de manière excessive. Respirez profondément et faites une pause. Qu'il soit bon ou mauvais, le retour d'information est un échange dynamique susceptible de vous offrir de nouvelles perspectives, sans parler de l'apprentissage sur vous-même et sur vos interactions avec les autres. Acceptez-le avec gratitude, tirez-en des leçons avec humilité et laissez-le nourrir votre quête incessante de l'excellence.

- Tournez-vous vers vos concurrents. La concurrence n'est pas une menace, mais un catalyseur de croissance. Une concurrence saine ne consiste pas à démolir les autres, mais à s'élever soi-même. C'est se tenir côte à côte avec ses pairs, apprendre les uns des autres et placer tous ensemble la barre plus haut. Au lieu de considérer vos pairs comme des rivaux, voyez-les comme des alliés dans votre cheminement vers l'excellence. La réussite n'est pas une entreprise solitaire, c'est une ascension collective.

- Soyez au service de vos clients. Les clients sont les juges ultimes de votre excellence. Leur fidélité va bien au-delà d'une transaction ; elle témoigne de la valeur ajoutée que vous leur apportez. Il s'agit d'une relation fondée sur la confiance, la satisfaction et l'apport constant de valeur. L'excellence ne consiste pas à courir après la gloire et les applaudissements, mais à créer un impact durable sur les personnes que vous servez.

- La pratique de la gratitude est essentielle. Grâce à elle, nous ne faisons plus attention à ce qui nous manque mais à ce que nous possédons. En pratiquant consciemment la gratitude, nous entraînons notre esprit à se concentrer sur les aspects positifs de notre vie et de nos réalisations – c'est un antidote puissant contre la pensée négative et le doute de soi. Ce changement de perspective améliore non seulement notre bien-être, mais renforce également notre confiance et notre sentiment d'efficacité personnelle.

Placez votre excellence sous les projecteurs

Se positionner et positionner son entreprise sur la voie de l'excellence n'est pas un jeu de hasard ; c'est une danse stratégique qui vous propulse vers la réussite. Ici, il ne s'agit pas de s'acharner au travail sans réfléchir, mais de se placer stratégiquement là où les projecteurs vous trouveront forcément.

Lorsque j'étudie le positionnement de mes entreprises pour assurer leur succès, je me concentre sur mon équipe, la qualité et la régularité du service, la qualité et la présentation des aliments, l'expérience client globale, la durabilité de l'entreprise, le concept d'hospitalité et l'innovation. C'est beaucoup d'éléments, mais c'est ainsi que l'on atteint l'excellence.

Prenons l'exemple de mon premier restaurant. On mange très bien à Aspen, et la concurrence est rude entre les restaurants. Je connaissais bien le paysage culinaire. J'avais une idée assez précise des besoins de ma clientèle, à la fois des touristes – j'avais travaillé dans certains des plus grands restaurants d'hôtel – et des locaux, puisque je fais moi-même partie de cette communauté. J'avais constaté que le marché des sushis et celui des restaurants grill étaient particulièrement saturés. Alors, au lieu de me jeter dans la mêlée, comment pouvais-je me démarquer ? J'ai des origines africaines et un flair français, alors je me suis concentrée sur une chose : la saveur, la saveur et encore la saveur. Il fallait miser sur une cuisine audacieuse, ethnique et internationale. Mawa's Kitchen offre une expérience que vous ne trouverez pas chez les concurrents ; j'ai créé ma propre catégorie. Sortir des sentiers battus comporte des risques, mais avec un état d'esprit d'excellence, j'ai franchi le pas.

Dans votre objectif d'excellence, acceptez l'expérimentation et le changement. Osez explorer de nouvelles approches et ne craignez pas d'ajuster vos stratégies à mesure que vous progressez. La flexibilité et l'ouverture à l'innovation sont des conditions indispensables sur la voie de la réussite.

Établir des contacts et développer son réseau

Quand j'étais une petite fille, ma curiosité était mal vue, car je posais toujours beaucoup de questions. J'avais des questions, oui, et je voulais des réponses ! Après avoir entendu maintes fois que je parlais trop, j'ai fini par me taire et garder toutes mes questions pour moi. Avec le recul, j'ai compris plus tard que ma curiosité était le signe que j'étais une enfant intelligente, et pas si enquiquinante. Certes, j'avais des difficultés à l'école et on me considérait comme une mauvaise élève, mais je voulais apprendre autant que possible. Alors, j'ai tout fait pour m'entourer de personnes qui possédaient plus d'expérience et de sagesse que moi.

Pour ma première (et unique) entreprise de technologie, The Kitchen Hotline, j'avais de toute évidence besoin de conseils. Il fallait que je trouve des personnes qui avaient au moins trois longueurs d'avance sur moi dans leurs start-up. Je me suis donc entourée d'experts et d'autres entrepreneurs. Je voulais me retrouver dans une pièce avec des personnes plus intelligentes que moi, pour pouvoir apprendre d'elles et connaître leurs erreurs afin de pouvoir les éviter. J'ai beaucoup écouté et pris une foule de notes. La compagnie de ceux qui partagent les mêmes idées et le même état d'esprit m'a responsabilisée, m'a motivée un peu plus et m'a fait comprendre que je pouvais tout à fait réussir.

*
* *

La réussite n'est pas une démarche en solo. Établir des relations solides, c'est réunir l'équipe de vos rêves pour la vie. Le réseautage, ce n'est pas seulement du business, c'est créer des liens qui alimentent votre croissance personnelle et professionnelle. Le réseautage peut ouvrir la voie à de nouvelles opportunités, idées et systèmes de soutien.

Dans votre quête de réussite, vous serez forcément confronté à des défis. Et c'est là que votre réseau devient votre meilleur système de soutien. Il est composé de personnes qui vous rattrapent lorsque vous trébuchez, qui vous relèvent lorsque vous êtes au plus bas et qui vous poussent vers l'avant lorsque vous êtes prêt à conquérir de nouveaux sommets. Votre réseau est à la fois votre filet de sécurité et votre propulseur.

Les relations solides reposent sur la confiance, le respect et l'intégrité. Pour ma part, je sais que je peux compter sur mon avocat, mon banquier, mon courtier et mon comptable. Ils l'ont prouvé à maintes reprises. Ma réussite est aussi la leur.

Mais votre réseau ne se réduit pas à ce qu'il peut faire pour vous. Pensez à la richesse des expériences et des perspectives que vous tirez de ces relations. Lorsque vous vous entourez d'un groupe diversifié d'individus, vous ouvrez les vannes de l'innovation et de la créativité.

Je recherche les personnes les plus compétentes, avec lesquelles j'ai les moyens financiers de travailler. Parfois, ma soif de savoir et de sagesse m'a ouvert les portes d'experts que je n'aurais pas pu m'offrir. Lorsque je n'avais pas les moyens d'engager les bonnes personnes, je lisais des livres et faisais des recherches sur des sujets tels que l'esprit d'entreprise, les processus métiers, les finances, etc. Lorsque c'était le bon moment pour moi d'engager un spécialiste, je connaissais mes besoins et l'expertise à rechercher chez la personne adéquate.

Réussir seul, c'est possible, mais travailler avec l'équipe idéale peut vous pousser à accomplir de plus grandes choses encore.

Le chef Daniel Boulud, un géant de la gastronomie que j'admire depuis longtemps – voire que je vénère –, illustre bien cela. Lorsque je travaillais au Little Nell, le chef Boulud venait parfois à Aspen pour des dîners privés et des événements tels que La Paulée des Neiges et Food & Wine Classic. J'étais serveuse à l'époque et tout le monde, en cuisine comme en salle, attendait sa venue avec impatience. Je le trouvais si gentil, et si « français ». Quelques années plus tard, nous nous sommes rencontrés lors d'un dîner mémorable au restaurant Daniel, avec mon époux et mon frère.

En 2023, il m'a accueillie dans ses cuisines pour collaborer avec lui sur un événement caritatif. Dès son entrée, j'ai été intimidée au plus haut point. Travailler avec un chef de son rang, sur des plats si complexes qu'il fallait utiliser des pinces à épiler, m'a sortie bien en dehors de ma zone de confort. Mais, malgré son statut, Daniel Boulud et sa personnalité chaleureuse et authentique m'ont instantanément apaisée. Ce maître cuisinier s'est adressé à moi d'égal à égal. Au départ, je me suis sentie désorientée, comme une étrangère dans sa cuisine, et puis il m'a fait sentir que j'étais bien à ma place. Mon expérience ne sortait pas du lot, car il traite tous ses employés avec la même humilité, en montrant l'exemple plutôt qu'en intimidant. Sa façon de nous encadrer tout en simplicité a permis à chacun de se sentir valorisé et a fait ressortir le meilleur de nous-mêmes.

Daniel Boulud incarne une vérité que j'essaie d'égaler et de suivre, une vérité que Maya Angelou a parfaitement saisie. Elle a dit : « J'ai appris que les gens oublieront ce que vous avez dit, les gens oublieront ce que vous avez fait, mais les gens n'oublieront jamais ce que vous leur avez fait ressentir ».

Au fil des années, mon amitié avec Daniel Boulud n'a fait que se renforcer. C'est une personne en qui j'ai confiance et que j'estime au plus haut point.

*
* *

Le travail en réseau crée une culture de soutien mutuel, où tout le monde gagne. Imaginez une communauté où la réussite est une fête partagée et où la marée porte tous les bateaux. C'est cet état d'esprit qui vous propulse vers une réussite hors du commun.

Alors que vous vous engagez sur la voie de la grandeur, n'oubliez pas ceci : votre réseau est votre vraie richesse. Il ne s'agit pas seulement d'établir des relations d'affaires ; il s'agit de mettre en place un ensemble dynamique de relations qui élèvent votre vie et celle de ceux qui vous entourent. Adoptez l'art de la connexion et observez comment votre chemin vers le succès évolue en une aventure palpitante de collaboration, d'abondance et d'élan imparable !

Parlez-moi un peu de vous

Il peut être intimidant de se retrouver dans de nouvelles situations, de rencontrer des inconnus et d'essayer de nouer des contacts. Il faut de la pratique pour se sentir à l'aise et pouvoir ensuite se présenter et engager une conversation agréable ou intéressante.

Je préfère apprendre à connaître les autres plutôt que de parler de moi. Je me demande toujours qui ils sont, ce qu'ils défendent et représentent. Aux entrepreneurs et aux femmes et hommes d'affaires, je demande toujours : « Comment êtes-vous arrivé là ? » Mon esprit se met en marche, et j'essaie de réfléchir à la façon dont je peux m'inspirer de leur réussite et la reproduire au sein de ma propre vie et de mon entreprise.

Se présenter et travailler en réseau de manière efficace est une compétence cruciale dans divers contextes sociaux et professionnels. Voici quelques conseils pratiques pour faire une impression positive et nouer le dialogue avec les autres :

- Souriez chaleureusement et n'oubliez pas de respirer.

- Préparez une courte présentation :

  - Commencez par une présentation brève et engageante, qui met en avant votre nom, votre profession et un aspect clé qui vous distingue. Restez concis et mémorisable.

  - Exemple : « Bonjour, je suis [votre nom]. Je suis [votre profession] et je suis passionné par [votre spécialisation]. »

- Répétez le nom de vos interlocuteurs pour vous aider à vous en souvenir. Utilisez leur nom dans la conversation, pour rendre celle-ci plus personnelle. Dale Carnegie a dit que « le nom d'une personne est pour elle le son le plus doux et le plus important qui soit, quelle que soit sa langue ».

- Trouvez des intérêts communs :
  - Recherchez des intérêts, des expériences ou des relations en commun susceptibles de servir de passerelle vers une conversation plus significative. Vous ferez naître ainsi un sentiment immédiat de connexion.
  - Exemple : « J'ai entendu dire que vous vous intéressiez également à [intérêt commun]. Je suis également fasciné par ce sujet ! Qu'est-ce qui a suscité votre intérêt ? »
- Posez des questions ouvertes :
  - Encouragez la conversation en posant des questions ouvertes qui invitent l'autre personne à en dire plus sur elle-même. Cela démontre un intérêt sincère et vous permet d'en apprendre davantage sur l'autre.
  - « Qu'est-ce qui vous a amené à [leur profession/intérêt] ? Je suis toujours curieux d'écouter les histoires d'autres personnes. »

- Faites part d'une expérience pertinente :
  - Proposez une brève anecdote ou partagez une expérience pertinente en rapport avec la conversation. Cela ajoute une touche personnelle et vous rend plus sympathique.
  - Exemple : « J'ai récemment eu à gérer un projet difficile dans le cadre duquel j'ai dû [décrire brièvement l'expérience]. Cela m'a beaucoup appris sur [sujet connexe] ».
- Soyez attentif au langage corporel :
  - Surveillez votre langage corporel et celui de votre interlocuteur. Maintenez le contact visuel, souriez et adoptez une posture ouverte et accessible. Un langage corporel positif renforce l'impression générale que vous donnez.
  - Même si vous avez envie de parler à une personne ou d'entrer en contact avec elle, si elle est fermée ou distante, ce n'est peut-être pas le bon moment pour lui adresser la parole.

- Échangez vos coordonnées :
  - Si la conversation se déroule bien et que vous envisagez une éventuelle collaboration ou connexion, n'hésitez pas à échanger vos coordonnées. Il peut s'agir de cartes de visite, de numéros de téléphone ou d'une connexion sur des plateformes professionnelles comme LinkedIn.
  - Exemple : « J'ai beaucoup apprécié notre conversation. Cela vous dérangerait-il que je me connecte avec vous sur LinkedIn ? J'aimerais échanger davantage avec vous. »
- Effectuez un suivi :
  - Après la première rencontre, faites un suivi en envoyant un message personnalisé. Exprimez votre reconnaissance pour l'échange que vous avez eu et mentionnez un élément spécifique de votre discussion pour renforcer le lien.
  - Exemple : « J'ai été ravi de vous rencontrer lors de [l'événement]. J'ai réfléchi à notre discussion sur [sujet] et j'aimerais poursuivre notre conversation. Allons [prendre un café] à l'occasion. »

Pendant des années, j'ai éprouvé pas mal de difficultés à travailler en réseau et à faire la conversation avec les personnes que je rencontrais, du fait de la barrière de la langue et de mon manque de confiance en moi. J'étais parfois très mal à l'aise, mais je n'avais pas le choix si je voulais développer ma clientèle et mon entreprise. Avec beaucoup d'entraînement et en peaufinant ma présentation pour établir la première connexion, j'ai bien progressé !

Il se peut que vous ne soyez pas à votre aise au début. Vous bafouillerez peut-être un peu. Mais si vous apprenez à vous mettre en valeur et si vous vous entraînez sans cesse pour gagner en aisance, vous pourrez plus facilement rencontrer les personnes utiles à votre parcours. N'oubliez pas que la clé d'une mise en relation réussie repose sur un intérêt sincère, une écoute active et une volonté d'établir des relations mutuellement bénéfiques. Abordez chaque interaction avec un esprit ouvert et une attitude positive, et vous verrez que le travail en réseau deviendra un élément gratifiant et naturel de votre vie personnelle et professionnelle.

Établir la connexion

Voici quelques astuces pour créer des liens significatifs avec des personnes très occupées et pas forcément disponibles :

- *Soyez proactif et préparé :* si vous avez des questions (ou besoin de conseils), prenez l'initiative de les poser. Effectuez des recherches au préalable pour vous assurer que vos questions sont pertinentes et éclairées.

- *Respectez les contraintes de temps :* soyez conscient que le temps de chacun est précieux, et faites preuve de savoir-vivre professionnel en étant concis, respectueux et prévenant dans vos interactions. Évitez de solliciter des réunions formelles ou encore de demander si la personne a du temps. Présentez plutôt vos questions ou vos sujets de manière concise, en tenant compte avec respect de l'emploi du temps chargé de vos interlocuteurs. Ils n'ont peut-être pas le temps de discuter longuement, mais ils sont toujours prêts à répondre à vos questions. Chaque interaction doit être abordée en gardant à l'esprit qu'il s'agit d'un investissement.

- *Responsabilisez-vous dans votre apprentissage :* préparez des questions ou des scénarios spécifiques en lien avec la personne que vous abordez. Les interlocuteurs sont prêts à vous conseiller et à vous apporter leur aide, mais il est essentiel que vous preniez l'initiative et que vous soyez prêt à entamer des discussions productives.

- *Montrez de la reconnaissance sans avoir d'attentes :* évitez de demander directement à quelqu'un d'être votre mentor, ou d'indiquer explicitement que vous avez besoin d'une aide financière. Montrez plutôt que vous appréciez son expertise et ses idées. N'oubliez pas de formuler vos questions de façon à respecter leur expertise et leur temps. Faites preuve de gratitude pour le temps et les compétences que vos interlocuteurs sont prêts à partager avec vous.

- *Soyez précis et pertinent :* lorsque vous recherchez des conseils ou des idées, veillez à ce que vos demandes soient spécifiques et directement liées aux compétences techniques ou à l'expérience de la personne. Vous démontrez ainsi votre respect pour ses connaissances et vous renforcez la pertinence de la conversation. Présentez des scénarios ou des défis spécifiques auxquels vous êtes confronté et demandez des conseils sur la manière de les aborder. L'échange d'idées sera ainsi plus ciblé et plus significatif.

- *Soyez utile :* cherchez des opportunités de rendre service aux autres membres de votre réseau. Proposez votre assistance, partagez vos ressources et apportez une contribution positive à la communauté. L'établissement de relations fondées sur le soutien mutuel et la réciprocité est la clé d'une réussite à long terme dans le domaine du réseautage.

En suivant ces quelques recommandations, vous améliorerez non seulement vos compétences en matière de réseautage, mais vous construirez également un réseau solide et diversifié d'individus partageant les mêmes idées, et vous favoriserez des relations positives et mutuellement bénéfiques. Entamez des collaborations avec ceux qui partagent votre engagement en faveur de l'excellence. Entourez-vous de profils performants susceptibles de vous inspirer, vous motiver et vous aider à progresser.

Apprenez en permanence

Quand j'étais jeune, je redoutais l'école. J'avais des difficultés avec la lecture. Au lieu de suivre un enseignement secondaire traditionnel, j'ai fréquenté un lycée professionnel. Je n'ai jamais réussi à entrer à l'université.

Mais j'étais de nature curieuse, depuis toujours, et je voulais élargir mon esprit. Et je n'avais rien à perdre.

Pour certaines personnes, j'étais stupide, parce que je n'agissais pas comme elles ou que je ne suivais pas leur voie, et j'en suis arrivée au constat suivant : elles avaient une vision figée de l'apprentissage et des possibilités d'accomplissement dans la vie. Entendre dire que j'allais échouer parce que je n'avais pas ce papier du nom de « diplôme » avec mon nom dessus m'exaspérait au plus haut point. J'avais l'esprit ouvert, j'étais curieuse du monde au-delà de ma banlieue et je savais qu'une voie était tracée pour moi.

J'avais tout à prouver et rien à perdre, puisque je n'avais rien d'autre que mon rêve, ce rêve saisissant.

C'est à vous de faire le travail ! Vos parents, vos amis, votre réseau ne doivent pas accomplir le travail à votre place. Eux sont là pour vous encourager et vous soutenir. Et vous, vous devez apprendre à vous connaître, à connaître le monde qui vous entoure. Et vous devez apprendre à définir la vie que vous souhaitez mener, en accord avec votre rêve.

Si j'étais allée à l'université, j'aurais pu rester figée dans un état d'esprit, en pensant « c'est ce que l'on m'a enseigné, les choses sont ainsi, et pas autrement ». J'ai travaillé avec pas mal de monde, et certaines personnes refusent de s'éloigner de ce qu'elles ont appris à l'école, croyant que c'est la seule et unique bonne façon de faire. Je pense que les études ont une grande importance, mais il ne s'agit pas seulement d'acquérir des connaissances ou des diplômes. Il faut aussi savoir appliquer ces connaissances de façon à avoir une incidence significative dans la vie des autres et contribuer positivement à la société.

L'éducation s'étend bien au-delà des murs des salles de classe. Restez curieux, partez en quête de nouvelles connaissances et soyez ouvert à l'acquisition de nouvelles compétences. Adoptez un état d'esprit d'apprentissage tout au long de la vie, et améliorez-vous de façon continue. Et n'oubliez pas que la capacité à s'adapter à l'évolution des tendances et des technologies est vitale dans la vie, comme dans le monde des affaires. Et enfin, un engagement envers l'apprentissage vous permettra toujours de garder une longueur d'avance.

Apprenez en travaillant

La première étape de votre parcours ? APPRENDRE !

Acceptez cette gêne du débutant. Ne craignez pas cet inconfort lié à la nouveauté. Tout maître a un jour été disciple. C'est dans ces moments de gêne et d'incertitude que l'on apprend. Accueillez cet apprentissage, acceptez la gêne et sachez que celle-ci est essentielle à la réussite.

L'éducation et la formation sont indispensables pour développer votre maîtrise, et je ne fais pas uniquement référence au parcours académique conventionnel de la maternelle à l'université. Le véritable secret réside dans l'autodidactisme constant et l'apprentissage permanent. Pour exceller, il faut avoir soif de connaissances, s'entourer des esprits les plus brillants, suivre des cours et apprendre des personnes qui ont réussi. Qu'il s'agisse de langues, du domaine des affaires, de ressources humaines ou de cuisine, j'apprends et me forme en permanence.

Si l'école est votre tasse de thé, très bien. Ce n'était pas le cas pour moi. Sans cette structure, j'ai dû mettre en place ma propre éducation. Dévorer des livres, googliser à peu près tout, écouter des podcasts ou solliciter des conseils auprès de mentors, etc., voilà à quoi ressemble mon engagement à apprendre tout au long de ma vie.

Formez-vous en permanence et, lorsque vous apprenez quelque chose de précieux, mettez-le en pratique dans la foulée. Il ne s'agit pas seulement d'acquérir des connaissances, mais de transformer votre vie en appliquant cette sagesse acquise. C'est cela, la voie de la réussite.

Apprenez à chaque étape de votre parcours, et laissez-vous guider par la quête de l'excellence.

N'arrêtez pas d'apprendre et d'évoluer

Ne cessez jamais de travailler sur vous-même. Ce processus passe par l'éducation, à la fois interne et externe. Suis-je heureuse de tout ce que j'ai accompli jusqu'à présent et de la personne que je suis ? Oui. Puis-je continuer à progresser ? Absolument. La meilleure version de vous-même ne cesse d'évoluer.

Accepter sa vulnérabilité, poser des questions courageuses, faire preuve de résilience face aux échecs, cultiver un état d'esprit de développement et comprendre l'effet d'entraînement de l'apprentissage sont autant d'aspects qui font partie intégrante d'une croissance continue. L'apprentissage est une force motrice qui stimule la découverte de soi et la réussite.

J'écoute des podcasts et des livres audio (c'est tellement plus facile pour moi que de lire) et je saisis toutes les occasions possibles de travailler avec d'autres personnalités influentes de mon secteur et au-delà, dans le cadre de conférences, d'ateliers, de festivals gastronomiques, etc. Il existe un pouvoir unique à s'entourer de personnes partageant les mêmes idées et désireuses de progresser. Ce pouvoir nous offre une communauté au sein de laquelle on peut proposer des idées, recueillir des retours d'information, du soutien et de l'inspiration.

Je m'engage envers moi-même et mon avenir

S'engager envers soi-même et son avenir est une puissante déclaration qui ouvre la voie à la transformation et à la croissance personnelles. C'est la promesse de donner la priorité à votre propre développement pour devenir la meilleure version de vous-même.

Lorsque vous vous engagez, vous ne passez pas juste un pacte avec vous-même ; vous acceptez pleinement de rendre des comptes et de faire preuve de résilience. Il s'agit d'apprendre et d'évoluer à chaque étape, même lorsque la route semble incertaine ou que les objectifs paraissent lointains.

C'est un voyage que j'ai personnellement embrassé, consciente que l'engagement possède ce pouvoir de transformation dans la construction d'une vie épanouie et motivée par une raison d'être.

L'engagement de Mawa

Je m'engage ici à :
Me développer et à évoluer pour mieux servir ma communauté à différents niveaux. Je m'engage à œuvrer à la transformation des personnes autour de moi.

Pour ce faire, je vais :

1. Prendre davantage soin de ma santé en nageant le matin cinq fois par semaine, en prenant des cours de natation et en étant attentive à mon alimentation.
2. Me former à l'art oratoire et au storytelling, pour partager mes expériences et mes convictions avec ceux qui ont besoin de les entendre.
3. Servir ma communauté et lui donner les moyens d'agir par le biais de l'éducation, grâce à mes ouvrages et à mes projets futurs.

Mon engagement

Je m'engage ici à :

____

____

____

____

Pour ce faire, je vais :
(Énoncez 3 objectifs ou actions cohérentes que vous comptez entreprendre)

1. ____

____

2. ____

____

3. ____

____

Signature Date

Cliquez sur le lien ci-dessous pour télécharger une version imprimable : www.mawamcqueen.com/unstoppable-ambition

Je crois en vous ! (Ne me décevez pas)

Dans la danse de la vie, embrassez le rythme constant de la croissance – cette évolution perpétuelle de soi, de sa sphère professionnelle et relationnelle. Plongez dans le paysage toujours en mouvement des cultures, des histoires et des expériences.

Embarquez pour ce voyage d'expansion de toute une vie. Évoluez non seulement en tant qu'individu, mais aussi en tant que partenaire dans vos relations. Maintenez la dynamique d'apprentissage, d'enseignement, de don et de service, car c'est dans ce cycle continu que réside l'essence d'une vie épanouie et pleinement vécue.

Plongez sans crainte au cœur de nouvelles expériences d'apprentissage. Qu'il s'agisse de maîtriser une nouvelle compétence ou de naviguer à travers les complexités de la vie, la vulnérabilité vous ouvre la voie vers la croissance.

Posez des questions. N'ayez aucune hésitation dans votre quête de connaissances. S'engager à se comprendre soi-même exige de l'humilité et la volonté de reconnaître ce que l'on ne sait pas encore.

L'état d'esprit de développement est une philosophie clé, propre aux personnes qui réussissent. Les défis ne représentent pas des obstacles, mais des opportunités pour apprendre et se développer. C'est un état d'esprit qui contribue à la fois à développer votre résilience et à renforcer votre développement personnel.

La croissance individuelle peut avoir un effet d'entraînement sur les communautés. Un engagement en faveur de l'apprentissage continu peut engendrer un impact au-delà du développement personnel, et ainsi influencer les communautés à apprendre, s'adapter et se développer collectivement.

Rappelez-vous toujours qui vous êtes et d'où vous venez. Traversez le cycle de la vie avec grâce. Prenez votre place et affirmez votre force avec confiance.

Le héros, c'est vous.

N'attendez pas que quelqu'un vienne vous sauver.

Sérieusement, n'attendez pas, car personne ne viendra.

Faites le choix de vous sauver vous-même.

Tous les défis sur votre route construisent l'armure que vous portez avec fierté. La résilience est votre bouclier. La sagesse est votre épée.

C'est à vous de créer la vie que vous souhaitez, de briser les barrières, de pousser toutes les portes.

Vous êtes le changement que vous attendiez.

Trouvez votre raison d'être.

Offrez un héritage aux autres.

Vous êtes le héros de votre propre voyage.

Et n'oubliez jamais que le meilleur reste à venir!

Une perspective historique importante

Il est intéressant de rappeler ici quelques épisodes de l'histoire des Afro-Américains, et notamment leur lutte pour surmonter les difficultés et obstacles auxquels ils ont été autrefois confrontés.

Dans tous les milieux – divertissement, technologie, sport, affaires, etc. – les Afro-Américains ont réussi à s'élever malgré les préjugés et les obstacles auxquels ils ont dû faire face en permanence.

Saviez-vous qu'aux États-Unis, les mariages interraciaux étaient illégaux jusqu'en 1967 ? Cela signifie qu'avant cette date, dans le pays, on ne pouvait pas se marier légalement avec une personne d'une autre race.

Dans les années 1960, en 1964 plus précisément, les États-Unis ont mis fin officiellement à la ségrégation raciale dans les lieux publics. Avant cette date, dans les restaurants, les cinémas, et autres espaces publics, il existait une séparation organisée et réglementée entre la population de couleur et la population blanche.

Les Noirs américains ont été victimes de discriminations pendant très longtemps. Certains droits que la communauté noire considère comme acquis aujourd'hui n'existaient pas auparavant, et il a fallu mener une lutte acharnée pour les obtenir. Grâce à leur courage, leur détermination et leurs efforts permanents, certains Noirs américains ont bouleversé la vie de leur communauté, une bataille acharnée après l'autre. Ceux qui ont remporté avec succès des combats et ont contribué à la mise en place d'un changement systémique n'ont pas attendu que la transformation arrive toute seule. Ils ne sont pas tombés dans la complaisance de leur propre situation. Ils se sont simplement mis en quête de ce qu'ils voulaient, et s'il y avait des obstacles à franchir pour y parvenir, ils les ont franchis.

Pour moi, la lutte des Afro-Américains est un exemple concret de détermination et un modèle pour la communauté immigrée en France, toutes générations confondues. J'encourage les jeunes issus de l'immigration en particulier à s'en inspirer, pour prendre des initiatives et agir. En France, la communauté immigrée a bénéficié de plus d'opportunités que beaucoup d'Américains issus de la diversité, et malgré tout, cette même communauté se sent figée dans sa situation, et ne croit en aucune possibilité de changement positif, se plaçant même parfois en victime. Mais leur attitude n'est pas cohérente, leur raisonnement ne tient pas debout. Les chances de progresser et de faire plus dans la vie existent bel et bien, elles n'attendent qu'à être saisies, alors ne gâchez pas ces occasions ! Si vous ne le faites pas pour vous, faites-le au moins pour ceux qui n'ont jamais eu cette chance.

Ma lettre d'amour pour vous…

J'ai parcouru le monde et partagé mon histoire avec une multitude de jeunes gens de toutes origines et de tous horizons. Et cela me brise le cœur de les entendre dire qu'ils n'ont pas d'autre choix que de quitter la France pour y arriver, ou pour réussir comme moi.

Croyez-moi, ce n'était pas mon intention. Ce n'est pas le message que je souhaitais leur transmettre avec mon parcours.

J'ai envie de leur adresser sincèrement les mots qui vont suivre. Ce chapitre est pour vous, et pour vous uniquement. Et sachez que partir n'est pas une option.

Les opportunités sont beaucoup plus nombreuses pour vous que pour moi il y a 35 ans. C'est une réalité dont vous devez avoir conscience.

La France est une toile vierge qui n'attend que vos coups de pinceaux, vos couleurs, votre œuvre…

La France pleure, elle veut que vous la revendiquiez comme votre pays, votre terre de chance. Elle ne demande qu'à entendre ces quelques mots : « Je suis né en France, je suis français, et fier de l'être, et je mérite de réussir. »

Peut-être êtes-vous actuellement incapable de le voir et de le comprendre, car votre perception est brouillée, voire aveuglée, par votre propre situation personnelle et l'influence de votre entourage.

Si vous êtes prêt à travailler 10 fois plus que les autres, il existe des opportunités pour vous en France, saisissez-les, ne renoncez pas.

Si vous êtes prêt à accomplir ce que seulement 1 % de la population accomplit, vous réussirez à coup sûr.

Mais si vous vous contentez d'être comme tout le monde, de suivre la masse, vous ne réussirez pas, que vous déménagiez à New York, à Pékin, ou à n'importe quel autre endroit du monde.

La vie et la réalité de nos parents ne sont pas les nôtres aujourd'hui. Nous n'avons pas à les porter sur nos épaules.

Nous devons paver de nouvelles voies pour nous et la génération future. C'est notre devoir, notre obligation.

Chacun a ses propres combats à mener, mais nous pouvons réussir. Chaque jour, en France, des personnes brisent des barrières en silence. Oui, c'est possible. Soyez-en convaincus.

Et vous êtes le changement que vous attendiez. Incarnez-le pleinement.

C'est votre droit de naissance d'inspirer, de changer et d'influencer l'existence des êtres autour de vous.
C'est votre droit de naissance d'incarner la grandeur.
C'est votre droit de naissance d'être en bonne santé et prospère.
C'est votre droit de naissance de défier le *statu quo*.
C'est votre droit de naissance d'ouvrir la voie à d'autres.

La vérité, c'est que nous avons tous de la grandeur et de l'excellence en nous. Revendiquons haut et fort notre existence, et la façon dont nous voulons la mener.

Et comment y parvenir, me direz-vous ?

Déjà, commençons par ne pas nous dissocier de la France. Vous y vivez, nous sommes français et fiers de l'être ! Pour ma part, je le suis.

Atteignons des sommets, soyons ambitieux, en tant que citoyens, que nous soyons français de naissance ou d'adoption.

Vous êtes français, personne ne peut vous le retirer. Il n'y a pas de « eux » d'un côté, et de « nous » de l'autre.

Vous ne vous sentez pas à votre place ? Vous pensez ne pas mériter tout ce que la France a à offrir ? Il faut à tout prix changer cet état d'esprit, et abattre ces barrières que nos parents et nous-mêmes avons érigées.

Alors, oui, vous ne démarrez peut-être pas sur un même pied d'égalité. Oui, il va peut-être falloir travailler 10 fois plus pour atteindre votre objectif de vie. Et alors ? Assumez ce point de départ, et attelez-vous à la tâche, pour dès maintenant changer la donne ! Soyez exceptionnel, en dehors du lot, démarquez-vous.

Entamez cette croisade, soyez le pionnier de votre vie, soyez l'initiateur de cette rupture de mentalité entre la génération de nos parents et la nôtre.

L'injustice, le racisme, la discrimination existent, et vous en êtes peut-être victime, mais personne ne peut vous refuser le droit de viser les sommets. Personne… à part vous-même.

La vie n'est pas forcément juste, et la vie ne sera jamais juste pour certains d'entre nous. Alors, commencez à ouvrir la voie pour vous et d'autres, pour vos propres enfants, les membres de votre famille, vos amis.

C'est ainsi que l'on combat la discrimination, le racisme et ce que j'appelle les castes générationnelles.

À mon humble avis, la France est profondément enracinée dans un système de castes et de classes sociales, et le racisme est bien présent, on ne peut pas le nier ! Visez les étoiles, mon cher peuple, car, que nous le voulions ou non, les choses changent et la question que nous devrions nous poser est la suivante : voulons-nous participer à ce changement ou y résister ?

Personnellement, je veux prendre part à ce changement, c'est la raison pour laquelle je partage ce que j'ai vécu, mon histoire et mon parcours. J'espère vous aider à prendre fermement votre place dans votre vie, à vous engager activement pour ce que vous souhaitez obtenir, et mieux encore, à vous donner les moyens de vous fixer de nouveaux défis.

Il y a 35 ans, il n'était pas imaginable de voir un chef cuisinier noir dans le Guide MICHELIN.

Aujourd'hui, il y en a deux, un homme et une femme, issus de deux pays et deux milieux différents. Quelle fierté. Mon entrée dans le Guide MICHELIN, avec une cuisine afro-méditerranéenne, a été un événement marquant de ma carrière.

Comprenez bien s'il vous plaît que je n'enfilerai pas la cape d'activiste, j'ai juste une vision, un rêve pour vous. Je ne suis pas ici pour débattre de racisme, d'inégalité, de discrimination. Nous savons tous que c'est un fait. Ce qui compte, c'est la façon dont nous combattons ce phénomène, chacun individuellement, à notre petite échelle.

Je suis ici pour vous dire que vous disposez de beaucoup plus d'opportunités aujourd'hui que moi, que vos parents, que vos grands-parents. Il vous suffit de le reconnaître et de vivre votre vie en fonction de ces réalités.

Vous avez accès à la connaissance, à toutes sortes de possibilités, mais pour une raison ou une autre, vous êtes esclave de cette idée préconçue que vous n'êtes pas français. Beaucoup d'entre vous se contentent d'être des citoyens de seconde zone, fiers de recevoir les différentes aides financières et sociales du gouvernement tous les mois. Vous pensez tromper le système, l'exploiter au maximum et être plus malins que lui. La raison de cette mentalité : vous avez été aveuglé par un faux sentiment de sécurité et de satisfaction.

Mais savez-vous qu'en faisant cela, vous perpétuez des générations de pauvreté et de conditions modestes, pendant que d'autres perpétuent des générations de prospérité ? C'est vraiment ce cycle que vous voulez perpétuer ?

Encore une fois, vous méritez tout ce que la France a à offrir ! Alors commencez par le revendiquer.

Que les choses soient claires : je ne vous demande pas de renier votre origine ou votre culture, soyez fiers de ce que vous êtes, Français, Africains, Arabes, Chinois, Espagnols, etc.

Ce que je vous demande, c'est d'être également fiers d'être français, parce que la France est une grande partie de vous et que vous êtes la France. Assumez cette double culture, cette double identité, cette double richesse. Honorez qui vous êtes, en l'affirmant haut et fort.

Modifiez cet état d'esprit et observez bien comment les portes s'ouvrent à vous pour faire naître votre rêve français.

Oui, c'est possible. Oui, vous le pouvez. Et oui, vous le ferez.

Il est temps pour vous de revendiquer votre place en France.

Je suis française et fière de l'être.

Je suis ivoirienne et fière de l'être.

Je suis américaine et fière de l'être.

Triple culture, triple richesse. C'est l'essence même de ce que je suis, et je ne laisserai jamais l'opinion de quiconque à mon sujet devenir ma réalité. Parce que j'ai créé ma propre réalité.

La vie est courte et je veux la vivre pleinement. Je veux commencer par m'aimer avec tout ce qui me caractérise.

J'ai appris une leçon précieuse en Amérique, et elle se résume en peu de mots : ce que l'on peut penser de moi m'est totalement égal.

L'Amérique m'a appris à rêver en grand et à avoir foi en mon rêve afin qu'il devienne réalité, à revendiquer ce rêve sans aucune gêne ou excuse, au nom des personnes qui m'ont ouvert la voie : Martin Luther King, Rosa Parks, Malcom X, Tony Morrison, Maya Angelou, Sheila Johnson, Rosalind Brewer, Oprah Winfrey, etc.

Ces personnalités ont soulevé des montagnes bien plus grandes, elles ont lutté de toutes leurs forces, pour faire progresser les choses. Et si elles le peuvent, nous le pouvons aussi. Croyez-moi, elles ont accompli le plus difficile en faveur de la communauté noire partout dans le monde.

Encore une fois, la vie n'est pas juste et ne le sera jamais. Le racisme systémique, la discrimination, l'inégalité sociale sont monnaie courante dans ce monde, et nous faisons ce que nous pouvons, une personne à la fois, pour lutter contre cela.

Le monde ne se soucie pas vraiment de vous et moi, c'est pourquoi notre vie doit être motivée par une raison d'être, afin que le monde nous considère. Nous ne pouvons pas nous permettre, ou devrais-je dire, nous ne pouvons pas nous offrir le luxe d'être moyens ou médiocres.

Je veux être comme les 90 % de milliardaires qui ont engendré des richesses pour les cinq générations suivantes de leur lignée.

Pourquoi ne pourrais-je pas accomplir la même chose pour ma famille ? Je suis là, en pleine possession de mes moyens, alors qu'est-ce qui m'empêche de le faire ? Rien d'autre que moi-même.

Je veux être à l'origine d'une prospérité générationnelle, à l'image des grandes familles françaises, au patrimoine acquis depuis une ou plusieurs générations. Qui ne voudrait pas faire partie de la famille de Bernard Arnault, le patron de LVMH ?

Maintenant, retroussez vos manches, mettez-vous au travail, faites taire le bruit et les parasites dans vos esprits, faites l'histoire, changez vos vies.

Ne nous contentons pas d'accomplir quelques changements, perturbons un peu les réalités économiques et sociales de notre chère France.

La France est de toutes les couleurs, de toutes les cultures, de toutes les éducations, de tous les milieux. Et je voudrais voir toute cette variété représentée au sommet.

On aura beau vous dire que vous êtes une femme, que vous êtes noire, africaine, sans éducation, etc. Pour ma part, on peut même dire que je ne suis pas française ! Aucune importance pour moi, je sais ce que je vise, et je mettrai tout en œuvre pour l'obtenir.

Mais je veux que vous sachiez ceci : la perception que vous avez de moi n'est pas ma réalité !

C'est moi qui crée ma réalité et mon avenir, et personne n'a plus à décider pour moi !

La grandeur est en moi.

Dans vos moments de doute, de découragement et de remise en question, je vous invite à méditer sur ces paroles inspirantes :

- Nous sommes nés pour déranger, contester et inspirer (Kenneth Harris).

- Les défis d'aujourd'hui font les champions de demain (Billy Cox).

- L'adversité vous permet de découvrir qui vous êtes (Albert Einstein).

- Je te verrai au sommet, parce qu'en bas il y a trop de monde (Demishia Samuels).

- Si vous n'avez pas de plan pour votre vie, vous ferez partie du plan de quelqu'un d'autre (Les Brown).

- L'opinion de quelqu'un sur vous ne doit pas devenir votre réalité (Les Brown).

- Les personnes qui réussissent contrôlent leur journée, les autres sont contrôlées par leur journée.

- Continuez à échouer jusqu'à ce que vous réussissiez.

- Une goutte d'espoir vaut mieux qu'un océan de désespoir.

- Quand la vie vous met à terre, si vous pouvez lever la tête, alors vous pouvez vous relever avec succès (Les Brown).

Moi, je vous vois au sommet, rendez-vous là-haut.

Éveillons nos consciences

Il est temps de se mettre à l'œuvre. Il est temps de s'encourager les uns les autres à quitter nos fauteuils, à bouger, et à prendre les décisions difficiles pour passer à l'action.

Nous pouvons changer le système. Vous pouvez changer le système.

C'est le moment d'entamer une nouvelle ère, un nouveau départ pour tous. Nous avons les moyens d'action pour prendre notre destin en main. Plus question d'attendre que quelqu'un agisse pour nous, nous agissons par nous-mêmes et pour nous-mêmes.

Souvenez-vous, n'attendez pas, car personne ne viendra. Vous êtes responsable de votre vie, de vos choix, de votre avenir.

Voici une affirmation positive de Tony Robbins, que j'ai légèrement modifiée pour qu'elle corresponde à notre contexte. Répétez-la autant de fois que nécessaire, afin qu'elle devienne une réalité pour vous :

Je suis français et fier de l'être.
Maintenant, je suis la voix.
Au lieu de suivre, je vais guider.
Au lieu de douter de moi, je vais croire en mes capacités.
Au lieu de détruire des opportunités, je vais en créer.
Je suis une force bénéfique.
Je suis un meneur qui brave l'adversité.
J'établirai de nouveaux standards.
Je vais voir plus grand.
Je vais accomplir le travail, même si je suis le dernier à rester debout.

Rappelez-vous que votre véritable voix n'est jamais la voix de la peur, ni celle de l'inquiétude. Au contraire, votre véritable voix est celle de la force et de la certitude. Vous ne connaissez pas le chemin ? Faites confiance au processus, et le chemin viendra à vous. Détachez-vous de votre voix du passé et rappelez-vous que vous n'êtes pas invisible, vous êtes ce que vous êtes destiné à être, et vous incarnez la grandeur. Désormais, vous vivrez votre vie comme vous l'entendez, et vous vous imposerez des standards plus élevés. Vous ne vous contenterez plus de vivre selon les attentes la société ou même selon vos propres contraintes. Vous êtes l'exception dans un monde rempli de statistiques.

Si je peux, vous pouvez. Je l'ai fait, vous le ferez.

#monrêvefrançais #lerêvefrançais
#durêveàlaréalité #françaiseetfièredelêtre

Merci

À mon exceptionnel époux, Daniel McQueen, pour son amour inconditionnel et son soutien dans toutes mes folles initiatives. Tu es mon roc et mon refuge.

À ma maman, Jeanne Kouao – Tu es l'une des femmes les plus fortes et les plus belles qui soient. J'adore la façon dont tu aimes la vie, c'est contagieux. Merci de m'avoir mise au monde. Merci de m'accepter telle que je suis. Tu me surprends chaque jour ! Je t'aime profondément.

À mon père, Sékou Sidibé, qui m'a inculqué l'esprit d'entreprise ! J'espère que tu es fier de me voir poursuivre le travail que tu as commencé.

À Fatou Diakhaby et Christiane Beauchaints – Je suis pleine de gratitude pour votre soutien et votre amitié de longue date. Je suis super enthousiaste à l'idée d'entamer le prochain chapitre de nos vies. Je serai toujours là pour vous soutenir comme vous l'avez fait pour moi !

À Nacima Bouzad – Je te remercie d'avoir capturé l'essence de ma personnalité, de mon parcours, et de ma raison d'être. Tu as su la restituer avec des mots justes.

À Rose Laudicina – Ma douce rose. Que ferais-je sans toi ? Aucun défi n'est trop difficile à relever pour toi. Merci pour ta patience et ton ouverture d'esprit. Et merci encore de m'avoir aidée à donner naissance à ce livre.

À mes 19 frères et sœurs qui me challengent et me stimulent chaque jour ! Je vous ouvre la voie, alors j'espère que vous continuerez à bâtir cet héritage, à rêver et à accomplir bien plus que ce que je n'aurais pu imaginer ! J'attends de vous tous l'excellence. Je vous mets au défi de m'égaler, et peut-être mieux encore, de me surpasser !

Ramatoulay Sidibé Lecaille

Zakarya Sidibé — Aminata Sidibé
Mohamed Sidibé — Souleyman Sidibé
Kader Sidibé — Nina Sidibé
Saran Sidibé — Mamadou hp Sidibé
Miriam Sidibé — Tania Kouame
Guy Kouame — Éloise Kouame
Anaïs Kouame — Jessica Kouame
Oliver Kouame — Diane Kouame
Jeff Kouame — Annie Kouame

À vous… Le meilleur reste à venir !

À propos de l'auteure

Vous voulez en savoir plus sur Mawa McQueen ?
www.mawamcqueen.com

Rejoignez mon forum de discussion
Une ambition sans limites !
sur Facebook.
Si vous avez des questions,
n'hésitez pas à nous contacter à l'adresse suivante :
Hello@mawamcqueen.com

Suivez-moi sur mes réseaux sociaux :
INSTAGRAM @mawamcqueenfr
FACEBOOK Mawa McQueen Officiel
TIK TOK @mawa_mcqueen
LINKEDIN @Mawa Mcqueen
TWITTER @McqueenMawa

Mes restaurants

MAWA'S KITCHEN
Aspen (Colorado, États-Unis)

THE CREPE SHACK
Snowmass (station de ski)
et centre-ville d'Aspen (Colorado, États-Unis)

MAWITA
Snowmass (Colorado, États-Unis)

Produit

Mawa's GrainFreeNola
(gamme de granolas sans gluten et vegan)

Ouvrages

Mawa's Way: Recipes and Stories
from Mawa's Kitchen in Aspen
Disponible sur Amazon.com

Lettres à un jeune chef,
de Daniel Boulud
Disponible sur Amazon.com

Printed in Great Britain
by Amazon